Watzmann-Ostwand von der Gotzenalm

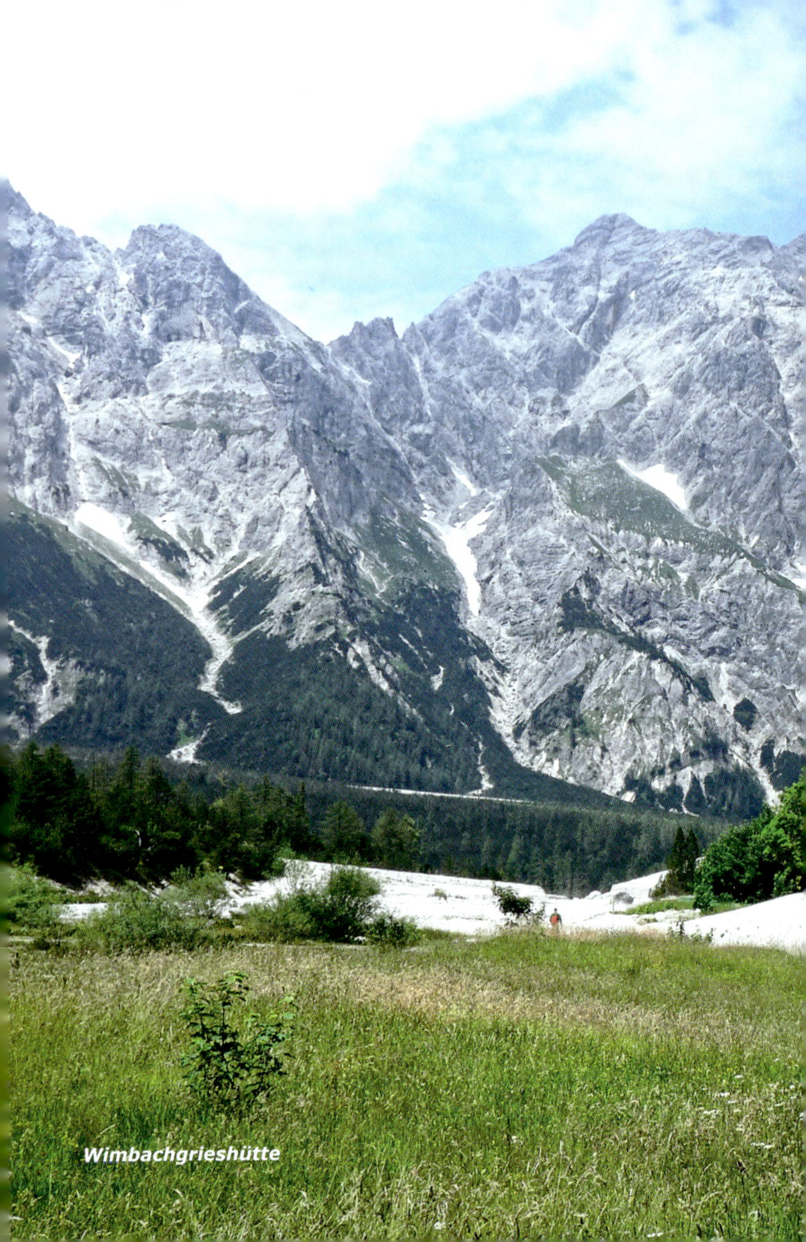

Wimbachgrieshütte

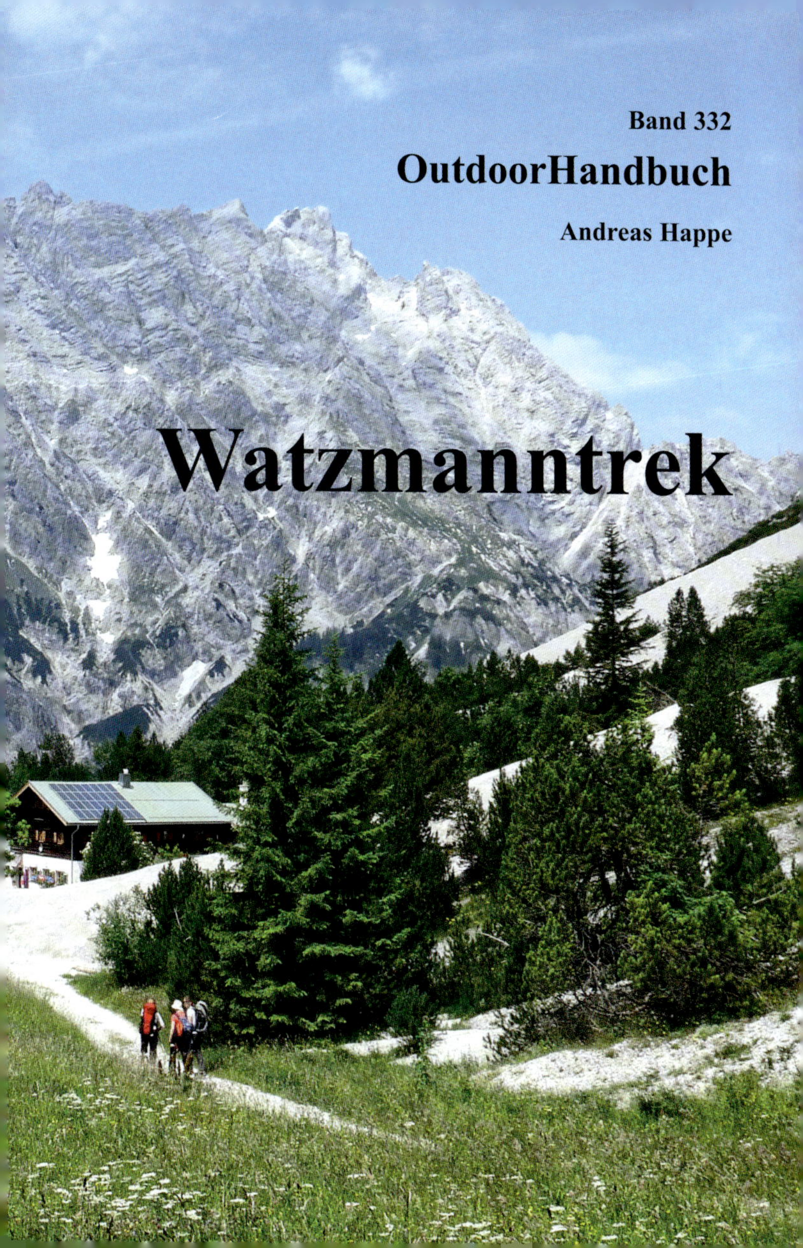
Band 332
OutdoorHandbuch
Andreas Happe
Watzmanntrek

Watzmanntrek

Alle Informationen, schriftlich und zeichnerisch, wurden nach bestem Wissen zusammengestellt und überprüft. Sie waren korrekt zum Zeitpunkt der Recherche. Eine Garantie für den Inhalt, z.B. die immerwährende Richtigkeit von Preisen, Adressen, Telefon- und Faxnummern sowie Internetadressen, Zeit- und sonstigen Angaben, kann naturgemäß von Verlag und Autor - auch im Sinne der Produkthaftung - nicht übernommen werden.

Der Autor und der Verlag sind für Lesertipps und Verbesserungen (besonders per E-Mail) unter Angabe der Auflagen- und Seitennummer dankbar.

Dieses OutdoorHandbuch hat 127 Seiten mit 40 farbigen Abbildungen sowie 11 farbigen Kartenskizzen, 16 farbigen Höhenprofilen und einer farbigen, ausklappbaren Übersichtskarte. Es wurde auf chlorfrei gebleichtem Papier gedruckt, in Deutschland klimaneutral hergestellt und transportiert und wegen der größeren Strapazierfähigkeit mit PUR-Kleber gebunden.

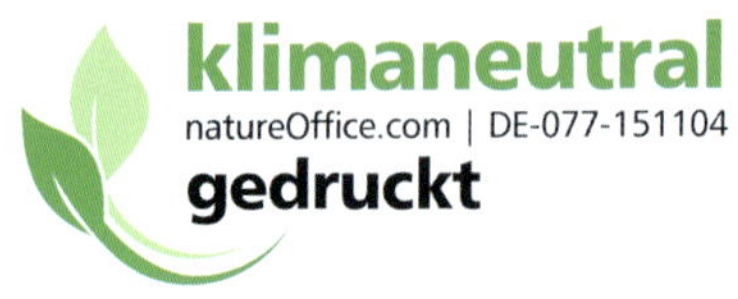

Dieses Buch ist im Buchhandel und in Outdoor-Läden erhältlich und kann im Internet oder direkt beim Verlag bestellt werden.

Titelfoto: Blick vom Hundstodgatterl auf die Watzmann-Südspitze

OutdoorHandbuch aus der Reihe „Der Weg ist das Ziel", Band 332

ISBN 978-3-86686-432-0 1. Auflage 2016

Dieses OutdoorHandbuch wurde konzipiert und redaktionell erstellt vom Conrad Stein Verlag GmbH, Kiefernstraße 6, 59514 Welver,
☏ 023 84/96 39 12, FAX 023 84/96 39 13,
info@conrad-stein-verlag.de, www.conrad-stein-verlag.de

 Werden Sie unser Fan: www.facebook.com/outdoorverlage

Text und Fotos: Andreas Happe
Karten: Heide Schwinn
Lektorat: Kerstin Becker
Layout: Manuela Dastig

Gesamtherstellung: Werbedruck GmbH Horst Schreckhase

Inhalt

Vorwort

Das Gebiet um Berchtesgaden hängt wie ein Rucksack an der deutschen Südgrenze und ragt tief nach Österreich hinein. Wenn Sie diesen Rucksack öffnen, werden Sie entdecken, dass sich darin ein Schatz befindet.

Die schönsten Juwelen der Alpen sind hier auf engstem Raum versammelt und dabei infrastrukturell so wenig erschlossen, dass sie nur dem Wanderer preisgegeben werden.

König Watzmann thront über allem und verkörpert den Mythos Berg. Stolz, schroff und unnahbar blickt er auf das Berchtesgadener Land hinab. Den Kontrapunkt bildet der Königssee. Lieblich und kraftvoll zugleich, mit steilen Felswänden und sanften Almen ist er der Inbegriff des geheimnisvollen Bergsees. Und schließlich die karge Felslandschaft mit den markanten Gipfeln des Steinernen Meeres, nach dessen Durchquerung dem Wanderer jede grüne Alm wie eine Oase erscheint.

Steinadler, Gämse, Murmeltier, Hirsch und Steinbock sind hier zu Hause. Es wäre keine geeignetere Region vorstellbar für Deutschlands ersten und einzigen Alpen-Nationalpark.

Der Nationalpark Berchtesgaden und seine Umgebung

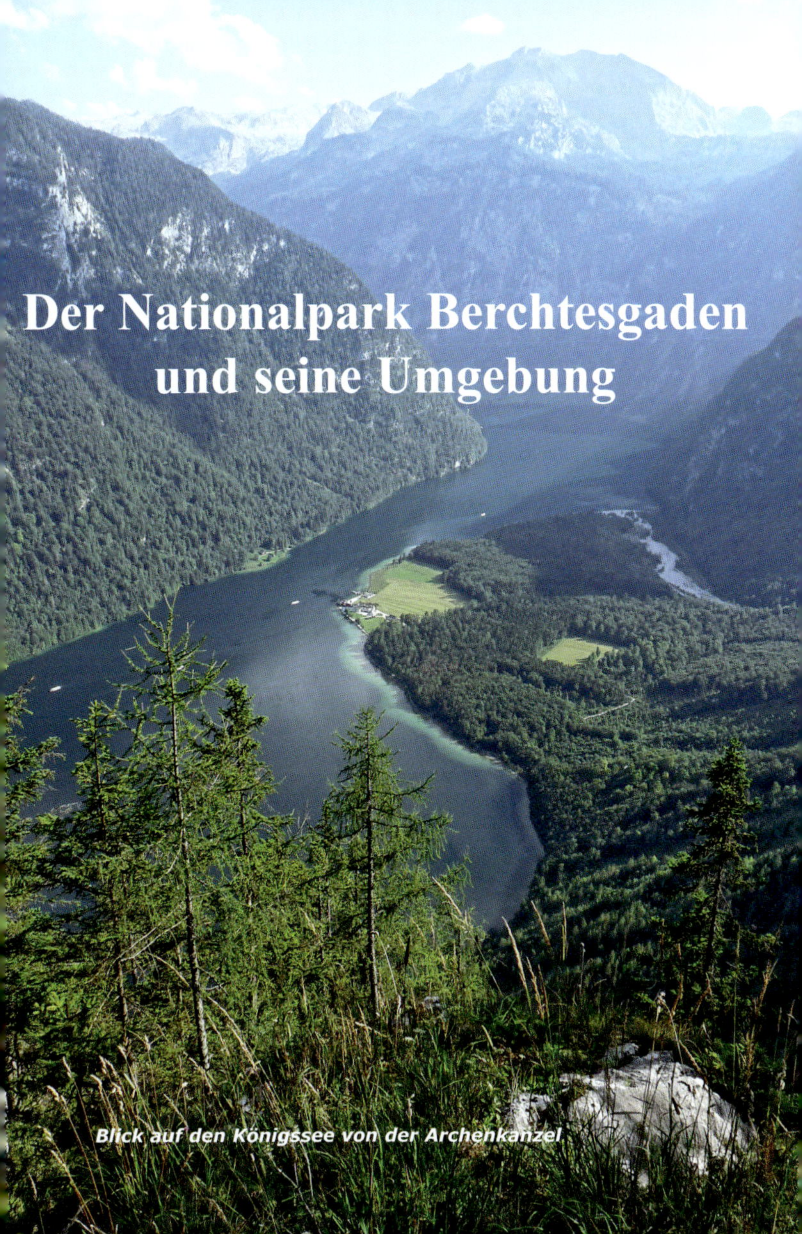

Blick auf den Königssee von der Archenkanzel

Der Nationalpark Berchtesgaden ist unbestritten eine der schönsten Landschaften Europas. Fotos seiner Berge und Seen sind in der ganzen Welt verbreitet. Von Japan über Indien bis Amerika lockt er Touristen an. Trotzdem ist die Gegend für Nichtwanderer so schwer zugänglich, dass der Einfluss der modernen Welt abseits des Dorfes Königssee kaum spürbar ist.

Der tief in die mächtigen Gebirge eingeschnittene Königssee ist ein landschaftliches Juwel ohnegleichen. Nur wenige Meter Ufer am äußersten Nordende des Sees sind an das Straßennetz angeschlossen. Sobald Sie mit dem Boot die vorgelagerte Insel Christlieger passiert haben, tauchen Sie in eine andere Welt ein. Nur auf der Halbinsel Sankt Bartholomä und zwischen Salet und Obersee tummeln sich an schönen Tagen noch Ausflugstouristen, aber auch diese verschwinden mit dem letzten Boot, da es hier keine Übernachtungsmöglichkeiten gibt.

Der Nationalpark gehört der Natur und dem Wanderer. Die einzige nennenswerte Infrastruktur besteht aus Wanderwegen und ein paar Berghütten.

Die **landschaftliche Vielfalt** sucht ihresgleichen. Die zerklüfteten Felsnadeln stehen denen der Dolomiten in nichts nach. Es gibt mit der Schönfeldspitze und dem Schottmalhorn gleich zwei „Matterhörner des Steinernen Meeres“, die zwar die Höhe ihres Schweizer Vorbildes nicht erreichen, deren Form aber noch schlanker und symmetrischer erscheint.

Die Erscheinung der Seen reicht vom tief eingeschnittenen Fjord des Königssees über die pure Idylle der in Fels, Almwiesen und Wald eingebetteten Bergseen bis zu den geheimnisvollen Tümpeln in der Kargheit der alpinen Felsstufe. Sogar einige Gletscher gibt es. Diese schmelzen aber dahin und sind wohl in einigen Jahren nur noch auf alten Fotos zu betrachten.

Einzigartig in den nördlichen Alpen ist die Entwicklung der **Vegetation**: Aufgrund der besonderen Situation in einem jungen Nationalpark sind die Wälder extrem abwechslungsreich. Früher stand an vielen Stellen die Forstwirtschaft im Vordergrund. Es wurden schnell und gerade wachsende Fichten gepflanzt, um Nutzholz zu gewinnen. Für den Salzbergbau, als Bauholz und Energielieferant sollten sich die Wälder rentieren.

Im heutigen Nationalpark stehen andere Ziele im Vordergrund. Der Bergwald soll sich natürlich entwickeln, und die Eingriffe des Menschen auf ein Minimum beschränkt sein. Bergahorn, Erle, Lärche, Tanne, Buche und viele andere Arten verdrängen in den mittleren und tieferen Lagen langsam die Fichten. Stürme wie Lothar und Kyrill sorgen dafür, dass der natürliche Umbau der alten Fichtenplantagen noch etwas schneller geht.

Das Ergebnis ist eine Waldlandschaft im Übergang. Die Forstflächen verwandeln sich in einen Naturwald. Eine enorme Artenvielfalt, unterschiedliche Baumgenerationen, Windbruchflächen mit üppigem Strauchwuchs, lebendiges Unterholz und vermodernde Baumriesen zwischen schroffen Felsen sind die Folge. Besonders schöne Blumen wie Türkenbund, Akelei und die Knabenkraut-Orchidee erfreuen hier den Besucher.

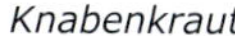

Knabenkraut

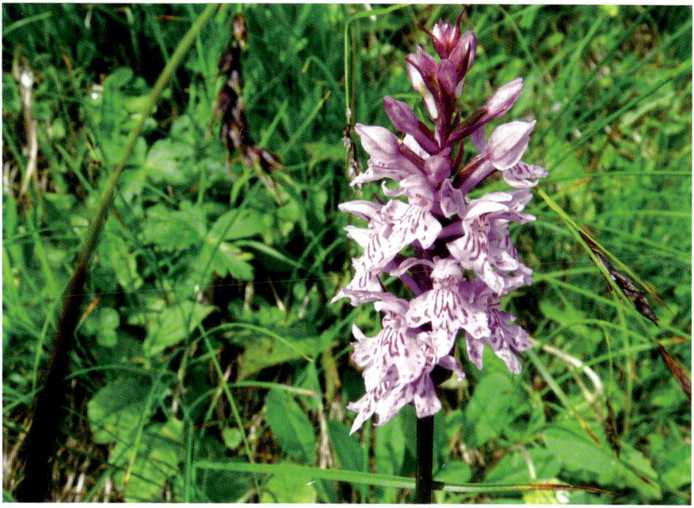

Eine Stufe höher leuchten im Frühsommer die Alpenrosen. Arnika, Edelweiß und verschiedene Enzianarten sind die bekanntesten Vertreter der alpinen Flora.

Ein besonderes Farbenspiel bieten dem Wanderer die weit verbreiteten, lichten Lärchenwälder. Die Lärche wirft, anders als ihre Verwandten, im Winter ihre Nadeln ab. Dadurch erscheint sie im Frühjahr in einem neuen, frisch-hellgrünen Kleid. Etwas später gesellen sich leuchtend rote Zapfen dazu. Im Verlauf des Sommers dunkeln die Nadeln nach, um im Spätsommer und Herbst mit einem gelben und roten Farbenspektakel die Landschaft zu verzaubern. Gelbrote Lärchenwälder vor schneebedeckten Bergen und blauem Himmel gehören zu den schönsten Fotomotiven der Alpen - und kommen dann auch noch die Bergseen dazu, ist die Speicherkarte der Kamera schnell voll.

Auch die **Tierwelt** profitiert von der Nationalparkphilosophie. Gämsen und Murmeltiere sind auf Bergtouren oft zu sehen, aber auch die in den Alpen fast

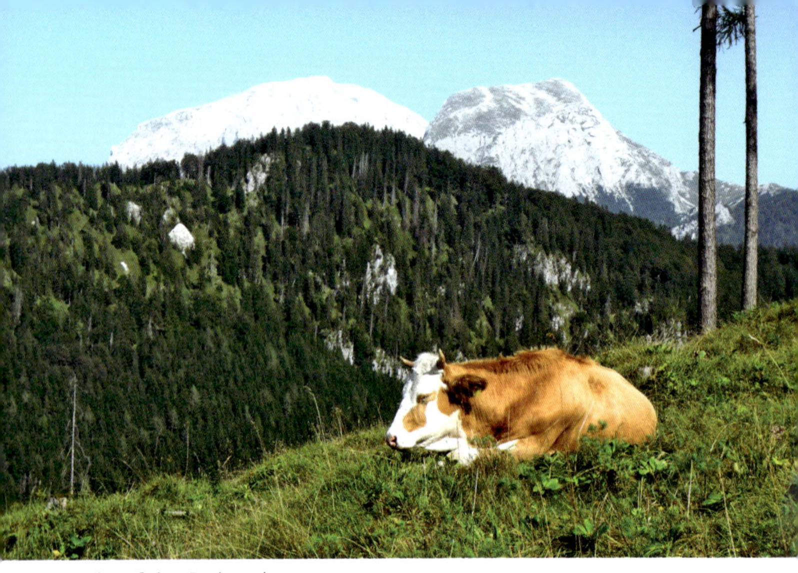

Kuh auf der Stubenalm

ausgerotteten Steinböcke und Adler leben wieder hier. Auerhähne, Schneehühner und viele weitere geschützte Vogelarten fühlen sich wohl im Park, und die ulkigen pechschwarzen Alpensalamander kommen vor allem bei Regenwetter ans Licht.

Der Watzmanntrekker wird nur an den ersten und letzten Wandertagen auf der Alm weidenden Kühen begegnen. Almwirtschaft wird lediglich noch in den Randzonen und der Umgebung des Nationalparks betrieben. Unterwegs begegnen Sie aber immer wieder verfallenen Almgebäuden, die, halb überwuchert und verrottet, an Goldgräberromantik in Alaska erinnern. Im Steinernen Meer fressen viele Schafe das spärliche Grün.

Aus Sicht der **Geologie** gehört der Nationalpark Berchtesgaden zu den nördlichen Kalkalpen. Der Untergrund besteht aus Kalk- und Dolomitgesteinen, ehemaligem Meeresgrund, der durch Hebung und Faltung weit über die Erdoberfläche hinausgewachsen ist.

Die spezifischen geologischen Eigenschaften führen zu besonders markanten, schroffen und steilen Felsformationen. Viele Höhlen, Dolinen und Erdfälle befinden sich im Park. Einmalige Landschaften, wie das im Schuttstrom ertrinkende Wimbachtal oder das fast vegetationslose Steinerne Meer, konnten nur auf Kalk und Dolomit entstehen. Auch der Watzmann mit Watzmannfrau und -kindern verdanken ihre prägnante Form den Sedimentschichten.

Der Watzmann ist der höchste Berg, der mit seiner Basis vollständig auf deutschem Boden steht. Auf der bekannten Ansicht von Berchtesgaden aus, mit dem

„Großen Watzmann" rechts und dem „Kleinen Watzmann" (Watzmannfrau) links, dazwischen die niedrigeren Gipfel der „Watzmannkinder", beruht die Watzmannsage.

Die Watzmannfamilie

Nach der Legende wurde das Land einst vom grausamen König Watze beherrscht, der mit seiner Frau und seinen Kindern Furcht und Schrecken verbreitete. Zur Strafe verfluchte ihn eine Bäuerin: Gott solle ihn und seine Familie zu Stein verwandeln! Danach tat sich die Erde auf, spuckte Feuer und verwandelte den König und seine Familie in ein Gebirge. Manche Versionen der Sage berichten, dass der Königs- und Obersee durch das zusammengeflossene Blut der Königsfamilie entstanden seien.

Die Watzmann-Ostwand

Eine der berühmtesten Kletterwände und die mit 1.800 m höchste Wand der Ostalpen ist der Richtung Königssee exponierte Steilabbruch des Watzmann. Der ortsansässige Bergsteiger Johann Grill, genannt Kederbacher, durchstieg die Ostwand erstmalig 1881.

Bislang forderte sie über 100 Tote, obwohl die Wand rein klettertechnisch nicht zu den größten Herausforderungen der Alpen gehört. Schwierige Orientierung, Stein- und Eisschlag, Wetterstürze und die Länge der Route machen die Durchsteigung nur für erfahrene Alpinkletterer ratsam.

Am Fuß der Ostwand hat sich durch die winterlichen Lawinen eine Art Minigletscher gebildet. Die dortige Eiskapelle (⇧ 900 m), eine Höhle im Firn, ist ein beliebtes Kurzwanderziel von Sankt Bartholomä aus.

Der Königssee

Der Königssee sieht nicht nur aus wie ein norwegischer Fjord, er ist auch so entstanden. In den Eiszeiten haben die Gletscher, von Süden kommend, das Tal tief ausgeschürft. Die Endmoräne, auf der heute der Ort Königssee liegt, wirkte wie ein natürlicher Staudamm. So ist der See heute an seiner tiefsten Stelle etwa 190 m, im Durchschnitt etwa 100 m tief. Seine Länge erstreckt sich über 8 km, er ist aber nur 1,3 km breit. Der Wasserspiegel liegt auf etwa 600 m und wird durch ein Wehr an seinem Ausfluss konstant gehalten.

Mehrere Bäche und hohe Wasserfälle münden in den See. Die größte Menge Wasser kommt aus dem Obersee und fließt bei Salet in den Königssee, am Nordende entwässert die Königsseer Ache den Bayerischen Fjord. Das Wasser des Sees hat Trinkwasserqualität. Es wird an seinen Ufern kaum noch Landwirtschaft betrieben, und die Gebäude am See sind an die Kanalisation angeschlossen.

Das Baden im See ist erlaubt. Im Sommer erwärmen sich die oberen Wasserschichten auf maximal 18° - 19° C, während unterhalb von 30 m Wassertiefe konstant eine Temperatur von 4° C messbar ist. Wassersport mit eigenen Fahrzeugen wie Surfbrettern, Booten u. Ä. ist nicht erlaubt, Sie können sich aber am Nordende des Königssees Ruderboote mieten.

Weniger romantisch sind die Erinnerungen an die nationalsozialistische Zeit. Hitlers Residenz auf dem Obersalzberg und das Kehlsteinhaus ziehen Scharen interessierter Besucher an. Im heutigen Nationalpark frönten die Nazigrößen ihrer Jagdleidenschaft. Die Wasseralm, für viele die erste Übernachtungsstation auf dem Watzmanntrek, war das Revier Hermann Görings.

500 Jahre weiter in die **Geschichte** zurück reicht der Salzbergbau in Berchtesgaden. Ursprünglich eine abgelegene Rodungsinsel mit einem unbedeutenden Kloster, machte die Entdeckung des Salzes die Stadt und ihre jeweiligen fürstlichen und kirchlichen Besitzer reich. Auch heute noch wird die in Berchtesgaden gewonnene Sole durch eine Pipeline nach Bad Reichenhall gepumpt und dort zu Industrie- oder Speisesalz verarbeitet.

Ein interessantes Besucherbergwerk liegt östlich der Berchtesgadener Innenstadt an der Straße nach Salzburg (💻 www.salzzeitreise.de).

1978 wurde der Nationalpark Berchtesgaden eröffnet. Er umfasst 210 km^2 und ist durch 230 km Wanderwege und Steige erschlossen. 1,5 Millionen Gäste besuchen jährlich den Park. Die meisten verweilen aber lediglich an seinen Rändern. Im Südwesten des Berchtesgadener Nationalparks schließt sich auf österreichischem Gebiet der Naturpark Weißbach an.

Das 2013 eröffnete Nationalparkzentrum „Haus der Berge" im Zentrum Berchtesgadens ist einen Besuch wert!

Das Informations- und Bildungszentrum überrascht mit ungewöhnlichen Ein- und Ausblicken. (💻 www.haus-der-berge.bayern.de)

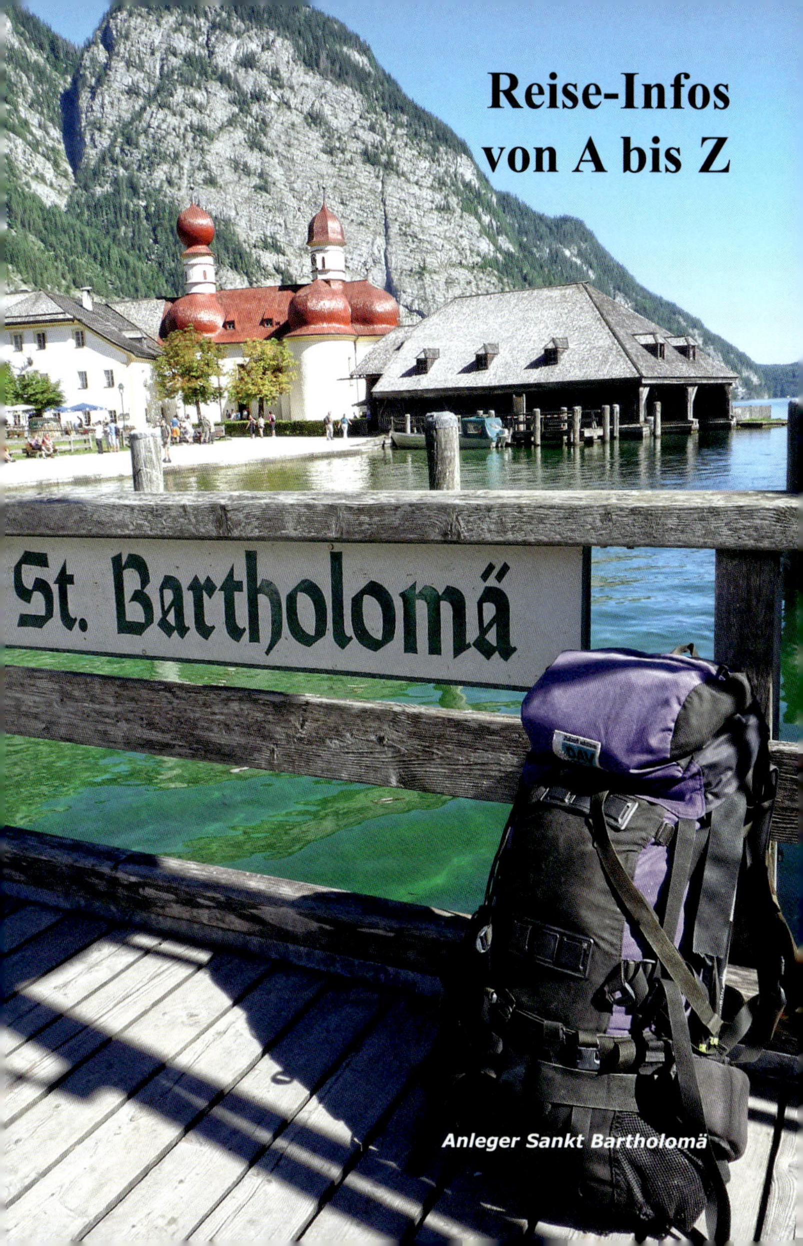

Anleger Sankt Bartholomä

Anforderungen

Seil und Klettergurt können Sie getrost zu Hause lassen, aber Trittsicherheit und Schwindelfreiheit gehören unbedingt ins Gepäck. Sie sollten auch in unebenem Gelände auf Ihren Beinen stabil gehen können.

Die Wege und Pfade im Nationalpark sind größtenteils naturbelassen. Steile An- und Abstiege auf Schotterwegen kommen ebenso vor wie leichte Kletterpassagen, bei denen Sie auch mal die Hände zur Hilfe nehmen müssen. Ausgesetzte, schmale Pfade in fast senkrechten Felswänden bieten dem einen intensive und unvergessliche Landschaftserlebnisse, während der andere sich nach einem stabilen Geländer sehnt, das man in dieser Gegend aber vergeblich suchen wird.

Konditionell fordern alpine Bergpfade mehr als ebene Mittelgebirgswege. Ihr Rucksack wird um die 10 kg wiegen und möchte auch mal mehrere Hundert Höhenmeter steil hinauf getragen werden.

Nicht zuletzt ist auch etwas Erfahrung mit den spezifischen Gefahren des Hochgebirges, vor allem mit dem Wetter, sehr hilfreich. Im Zweifel sollten Sie sich lieber einer organisierten Tour anvertrauen.

Auch für Kinder ist der Watzmanntrek ein großes Abenteuer. Haben die jüngsten Familienmitglieder zu Hause kein Problem, stundenlang Fußball zu spielen oder den Apfelbaum im Garten zu erklimmen? Dann können sie wahrscheinlich auch mit auf diese Hüttentour. Allerdings sollten die erwachsenen Begleiter sich dann ihrer erhöhten Verantwortung bewusst sein und bei der Selbsteinschätzung entsprechende Sicherheitsreserven einkalkulieren. Bei jüngeren Kindern kann ein kurzes Seil für einige Kletterpassagen die Sicherheit erhöhen.

Den Watzmanntrek mit Hunden zu bewandern ist dagegen weniger ratsam. Der eine oder andere Hüttenwirt heißt nach vorheriger Absprache (!) auch Hunde willkommen, aber die Route ist mit so vielen Felsstufen und Kraxelpassagen gespickt, dass die meisten Hunde öfter getragen werden müssten. Außerdem herrscht im Nationalpark strenge Leinenpflicht. Daher gibt es sicher bessere Hüttentouren für Mensch mit Hund als den Watzmanntrek.

An-/Abreise

Mit dem Auto

Berchtesgaden wird von Norden und Westen über die A8 (München – Salzburg), von Osten über die österreichische A1 (Linz – Salzburg) und von Süden über die Tauernautobahn A10 angefahren. Alle drei Strecken treffen sich bei Salzburg, und die günstigste Abfahrt wäre für die meisten die Ausfahrt Salzburg-Süd von der A10. Von hier nach Berchtesgaden sind es noch 15 km auf der Landstraße

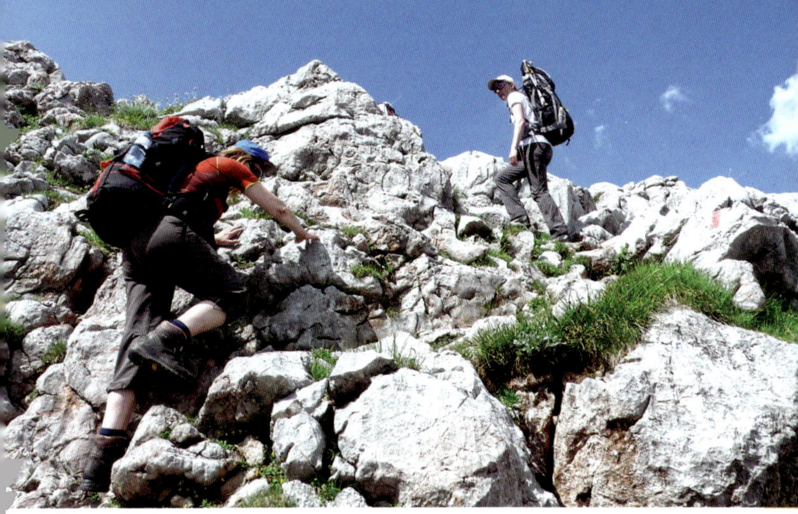

Steinernes Meer

über Marktschellenberg. Aber Achtung: Für den österreichischen Autobahnteil brauchen Sie ein Pickerl. Diese Plakette kostet für 10 Tage € 8,70, für 2 Monate € 25,30 und für ein Jahr € 84,40 (2015). Von Norden oder Westen kommend können Sie daher auch kurz vor der Grenze bei Bad Reichenhall von der A8 abfahren und über Reichenhall und Bischofswiesen auf ca. 26 km gut ausgeschilderter Landstraße Berchtesgaden erreichen.

Routenplaner im Internet: 💻 here.com

In Berchtesgaden kann der PKW im zentral liegenden Parkhaus oder am Bahnhof kostenpflichtig mehrere Tage geparkt werden.

- ♦ Contipark Continentale Parkgaragen GmbH, Maximilianstr. 9, 83471 Berchtesgaden, Parkentgelt: bis 20 Min. frei, 21-61 Min. = € 1,10, jede weitere Std. € 1,10, Tagesentgelt € 6,50 (2015)
- ♦ Im Ort Königssee nahe Bootsableger und Jennerbahn steht ein Großraumparkplatz zur Verfügung. Ohne Kurkarte kostet das Parken pro 24 Std. € 4, mit Kurkarte die Hälfte.
- ♦ Die Parkplätze Hinterbrand (möglicher Start) und Hammerstiel (mögliches Ziel des Treks) kosten pro 24 Std. € 2 ohne und € 1 mit Kurkarte.

☺ Kostenfrei sind die Parkplätze, die vom Bahnhofs-Kreisverkehr Richtung Königssee fahrend auf der rechten Seite liegen. Zum See kommen Sie dann mit dem Linienbus.

Mit der Bahn

Der Bahnhof von Berchtesgaden ist sowohl von München als auch von Salzburg aus tagsüber etwa zwei Mal pro Stunde erreichbar. Es gibt ein Mal am Tag sogar einen durchgehenden Zug (IC, RE) ab Hamburg-Altona. Dieser bringt seine Fahrgäste über Hannover, Kassel, Würzburg und München ohne Umsteigen nach Berchtesgaden, wo er gegen 17:00 ankommt.

Verbindungen im Internet unter 💻 reiseauskunft.bahn.de.

Mit dem Flugzeug

Der nächstgelegene Flughafen ist der Salzburg Airport. Von dort fahren in regelmäßigen Intervallen (10-20 Min.) Busse zum Hauptbahnhof Salzburg und von dort durchschnittlich alle 30 Min. Züge nach Berchtesgaden.

Link zur ÖPNV-Anbindung des Salzburger Flughafens: 💻 www.salzburg-airport.com/de/passagiere-besucher/anreisen-parken/bus-bahn-taxi/

ÖPNV

Fahrpläne des Oberbayern-Bus für den Raum Berchtesgaden im Internet unter 💻 www.rvo-bus.de, Fahrplanauskunft per Telefon unter ☏ 00 49(0)86 51/77 31 31 oder 00 43(0)86 62/63 29 00

Taxi

Taxi-Zentrale: 00 49(0)86 52/40 41. Die Zentrale ist im Bahnhof Berchtesgaden untergebracht.

Ausrüstung

Sie gehen auf felsigen Bergpfaden und alpinen Steigen, müssen Ihr Gepäck selbst tragen und mit jedem Wetter rechnen. Das sind die Rahmenbedingungen für Ihre Ausrüstung.

Ausrüstungsliste

Denken Sie daran: Weniger ist mehr! Jedes Kilogramm zu viel im Rucksack verdirbt Ihnen den Spaß.

Die Dinge, die Sie einpacken, sollten leicht und möglichst vielseitig verwendbar sein. Mit etwas Fantasie können Sie das eine oder andere Gramm sparen:

Vielleicht reichen sehr dünne Handschuhe, und Sie nutzen im Kältefall die Ersatzsocken als Fäustlinge. Die Hose kann etwas dünner und leichter ausfallen, wenn Sie die Regenhose als Wind- und Kälteschutz mit einplanen. Eine dünne Leggings reduziert das Gewicht für die Beinkleider, wenn sie gleichzeitig als

Schlafanzughose dient. Es ist erstaunlich, was durch konsequentes Reduzieren in der Summe an Gewicht eingespart werden kann.

Hier der Vorschlag einer Packliste, an der Sie sich orientieren können:

- ☐ Ausweise: Personalausweis, Alpenvereinsausweis
- ☐ Biwaksack (evtl., für Notfälle)
- ☐ Buch (evtl.)
- ☐ Flasche (z. B. leichte Plastik-Pfandflaschen, 1,5-2 Liter)
- ☐ Geld, Geldkarten
- ☐ GPS-Gerät, Akkus (evtl.)
- ☐ Halstuch
- ☐ Handschuhe
- ☐ Hemd (dicht gewebt gegen Wind, oder Windstopper)
- ☐ Höhenmesser (evtl.)
- ☐ Hosen (lang und kurz, evtl. Zip-Hose)
- ☐ Hüttenschlafsack
- ☐ Hut (als Sonnenschutz besser als Kappe)
- ☐ Jacke (gegen Regen und Wind)
- ☐ Kamera (evtl.)
- ☐ Karte, dieses OutdoorHandbuch
- ☐ Kompass (evtl.)
- ☐ Leggings (als Kälteschutz und Schlafhose)
- ☐ Mobiltelefon
- ☐ Mütze
- ☐ Pullover (2 dünne besser als 1 dicker)
- ☐ Regenhose (am besten mit Außenreißverschluss)
- ☐ Rucksack
- ☐ Schreibzeug
- ☐ Schuhe: Bergschuhe, evtl. leichte Turnschuhe oder Schlappen
- ☐ Socken, Strümpfe
- ☐ Sonnenbrille (nicht zu kleine Gläser)
- ☐ Sonnencreme (hoher Lichtschutz)
- ☐ Stöcke (evtl.)
- ☐ Taschenlampe (am besten als Stirnlampe)
- ☐ Taschentuch
- ☐ Toilettenpapier (für tagsüber)
- ☐ T-Shirts (z.B. 2 x Microfaser, 1 x Baumwolle für abends/nachts)
- ☐ Unterhosen
- ☐ Verbandszeug
- ☐ Waschzeug

Schuhe

Als Schuhwerk empfehlen sich knöchelhohe Bergwanderschuhe mit gutem Profil. Wichtig ist dabei besonders in den felsigen Passagen guter Halt, die Schuhe sollten also nicht zu leicht sein. Ein tiefes Profil zahlt sich vor allem auf steilen Schotterpfaden aus, die Ihnen auf dem Watzmanntrek häufig begegnen werden. Die Schuhe sollten nicht älter sein als 5 Jahre, da sich sonst schon mal der Kleber der Sohle auflöst. Mitten im Steinernen Meer hätte man dann ein Problem.

Bergschuhe auf der Wasseralm

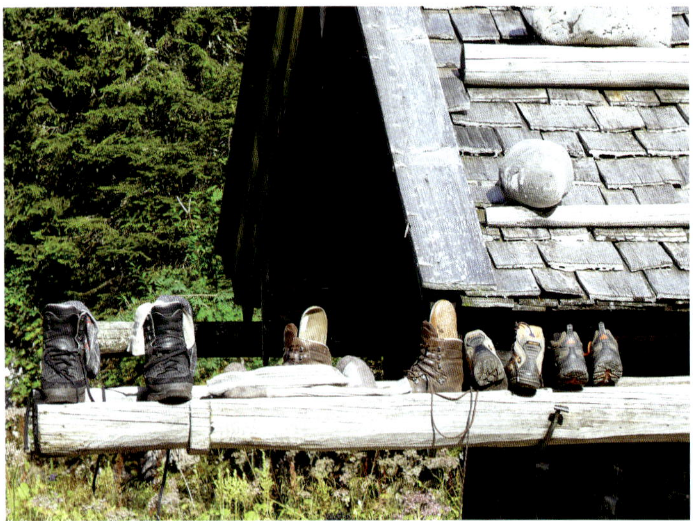

Rucksack

So viel wie nötig, aber so wenig wie möglich! Das ist das Motto beim Packen des Rucksackes. Trotzdem werden Sie wahrscheinlich bei mindestens 8-10 kg Gepäck landen. Wenn es mehr als 12 kg werden, sollten Sie irgendetwas wieder auspacken. Sonst werden Sie es bereuen! In dieser Gewichtsklasse bewährt sich ein guter und gut passender Rucksack mit einem Fassungsvermögen von etwa 40 bis 60 Litern. Achten Sie beim Rucksack auf ein gutes Tragesystem! Auch, wenn er dann etwas schwerer ist als ein Daypack, ist das gut investiertes Gewicht. Der Rucksack sollte so groß und so eingestellt sein, dass Sie das Gewicht zu 95 % auf den Hüftgurt verlagern können.

Kleidung

Schutz vor Regen, Kälte und Sonnenstrahlung ist Aufgabe der Kleidung. In den höher gelegenen Passagen kann es sogar mitten im Sommer mal Schneefälle geben, und auf Regen müssen Sie immer vorbereitet sein. Da man auf dem Trek auch immer mal wieder seine Hände zum Festhalten braucht und steile Passagen überklettern muss, ist ein Regenponcho weniger geeignet als die Kombination von Regenjacke und Regenhose. Für den Wärmeerhalt haben sich mehrere dünne Schichten an Fleece-Bekleidung bewährt (Zwiebelprinzip).

Die Kleidung sollte natürlich nicht zu eng, aber auch nicht zu weit sein. Sonst muss der Körper unnötig viel Luft erwärmen. Dünne Handschuhe und eine leichte Mütze helfen bei Kaltfronten und bei abendlichem kühlen Wind auf der Hüttenterrasse.

Hüttenschlafsack

Für die Übernachtung in den Berghütten wird von den Wirten ein Hüttenschlafsack verlangt. Diesen kann man in Berchtesgaden, in der Nähe der Bootsanlegestelle in Königssee und sogar auf einigen Hütten käuflich erwerben. Wer aus Gewichtsgründen Seide statt Baumwolle bevorzugt (man spart etwa 350 g), sollte sich den Schlafsack aber am besten schon zu Hause besorgen oder bei einem Outdoor-Ausrüster im Internet bestellen.

Sonstiges

Die Sonnenstrahlung sollten Sie nicht unterschätzen. Gerade im Steinernen Meer mit seinen hellen Kalkplatten wirkt die Reflektion fast wie auf Schnee- oder Wasserflächen. Neben der guten Sonnenbrille und einem Sonnenhut empfiehlt sich ein Sonnenschutzmittel mit sehr hohem Lichtschutzfaktor.

Eine Besonderheit in Kalkgebieten ist die Wasserknappheit aufgrund des porösen Gesteins. Das merkt man auf den Hütten genauso wie unterwegs, wo man kaum auf Quellen oder Wasserstellen trifft. 1,5 l bis 2 l Wasser sollte man also in Flaschen oder Trinksäcken transportieren können, an heißen Sommertagen ggf. noch mehr.

Toilettenpapier ist auf den Hütten vorhanden. Für das Geschäft zwischendurch bleibt nur die freie Natur. Dabei sollten Sie berücksichtigen, dass Tempotaschentücher über viele Jahre in der Natur nicht verrotten und auch, wenn Sie von unzähligen Regengüssen gewaschen sind, immer noch kein schönes Bild abgeben. Toilettenpapier verschwindet wesentlich schneller, aber auch das sollten Sie mit Ihren Hinterlassenschaften vergraben oder mit Steinen bedecken - im Sinne der nachfolgenden Wanderer.

Einkaufen

In Berchtesgaden und im Ort Königssee gibt es Sportgeschäfte, in denen man seine Ausrüstung aufstocken kann. Allerdings ist das am Wochenende etwas schwierig. In Berchtesgaden sind ab Samstag Mittag die meisten Fachgeschäfte geschlossen. In Königssee konnte man bis vor kurzem sogar sonntags noch Bergsportausrüstung kaufen. Zur Zeit gibt es aber eine Diskussion um das Ladenschlussgesetz und eine entsprechende Ausnahmegenehmigung, so dass nicht klar ist, ob die Ausrüstungs-Läden am Bootsanleger in Zukunft auch am Sonntag öffnen dürfen. Der Erwerb der Ausrüstung sollte auch deshalb schon frühzeitig zu Hause erfolgen, da Sie diese (besonders Schuhe und Rucksack) auf kürzeren Märschen testen sollten, bevor Sie sich damit für eine Woche ins Gebirge begeben.

Essen und Trinken

In Berchtesgaden und Umgebung finden Sie viele Restaurants einer großen kulinarischen und preislichen Bandbreite.

Die interessantesten Zonen zum Essen und Trinken liegen in der Innenstadt von Berchtesgaden und rund um die Bootsstege am Königssee.

- ✗ Restaurant Einkehr (im Hotel Edelweiß): Wenn man sich nach dem Trek mal 'was gönnen will. Leichte, mediterran beeinflusste Küche mit etwas gehobenerem Standard, die ihren Preis wert ist. Maximilianstraße 2, Berchtesgaden, ☏ 00 49(0)86 52/979 90
- ♦ Kurz und Curry: asiatische Küche, vor allem thai und indisch. Einfache Einrichtung, sehr leckere und leichte, kreative und preiswerte Speisen. Schlossplatz 3, 83471 Berchtesgaden, ☏ 00 49(0)170/245 28 99
- ♦ Im Dorf Königssee gibt es viele Restaurants. Am schönsten liegen einige Restaurants mit Biergärten direkt am See.
- ♦ Auch in Sankt Bartholomä im Biergarten schmeckt die Schweinshaxe gut, ohne besonders teuer zu sein.

In den Hütten können Sie Frühstück und Abendessen und fast immer auch zwischendurch abwechslungsreiche Mahlzeiten einnehmen. Eine Ausnahme ist die schöne, aber sehr einfache Wasseralm, auf der es Frühstück und Abendessen (meist leckerer Eintopf) gibt, aber zwischendurch nicht jederzeit etwas zu Essen erhältlich ist. Allerdings gibt es am späten Nachmittag oft Kuchen.

Die anderen Hütten bieten dem hungrigen Bergsteiger durchgehend eine gute Auswahl an Speisen und Getränken. Leider steht aber auf den Etappen des Treks nicht jeden Mittag eine Hütte zur Verfügung. Daher empfiehlt es sich, einige Müsliriegel oder andere Zwischenmahlzeiten in den Rucksack zu packen. Auf allen Hütten bekommt man auf Nachfrage auch ein kleines Lunchpaket zu einem der komplizierten Logistik (Helikopterversorgung) angemessenen Preis (ca. € 6 bis € 10).

Das Leitungs- oder Brunnenwasser in den Hütten hat nicht überall Trinkwasserqualität. Sie können aber auf allen Hütten Trinkwasser in Kunststoffflaschen kaufen. Die aktuelle Situation in Bezug auf Trinkwasser ist bei den Angaben zu den Hütten zu finden. Allerdings hat sich die Lage in den letzten Jahren immer wieder auch kurzfristig geändert. Einerseits wurde neue Infrastruktur installiert, andererseits waren einige Sommermonate besonders wasserarm. Für aktuelle Informationen wenden Sie sich am besten an den Hüttenwirt.

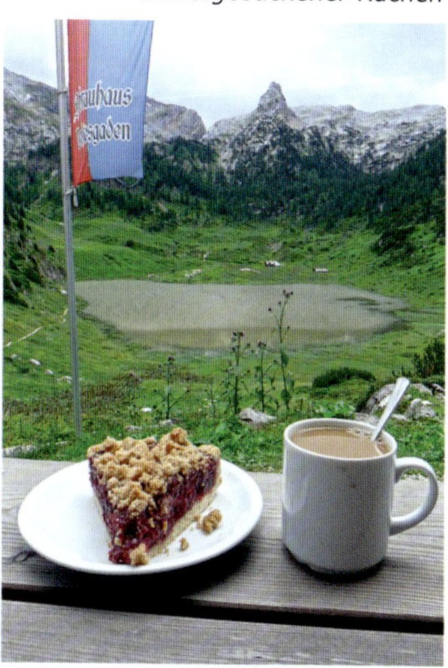

Selbstgebackener Kuchen

Ein besonderes Getränk im Berchtesgadener Land ist der Enzian. Die ortsansässige Firma Grassl betreibt im Nationalpark verschiedene Brennhütten, auch am Watzmanntrek. Die höchste und abgelegenste Brennhütte steht gegenüber vom Kärlingerhaus am Funtensee auf 1.600 m.

Laut alter Urkunden bekam um 1692 der Gastwirt Grassl aus Unterstein bei Berchtesgaden die Rechte und Pflichten, „die Almen durch maßvolles, aber regelmäßiges Enzianwurzelgraben milchviehgerecht zu halten, Enzian zu brennen und zu verkaufen".

Wie schon vor Jahrhunderten ernten die Wurzelgräber die bis zu 1 m langen und bis zu 2 kg schweren Wurzeln des Enzians von Hand. Man gräbt immer nur den oberen Wurzelstock aus und verschließt die Grasnarbe über dem Rest. Die Enzianpflanze kann sich so erholen und wird erst nach 7 bis 15 Jahren wieder abgeerntet. So bleibt der Bestand erhalten.

Die Gräber bringen die 50-kg-Säcke oft noch zu Fuß zur Brennhütte, wo sie gehackt, eingemaischt und gebrannt werden. Die Destillate wurden früher von Tragtieren ins Tal gebracht. Heute wird sämtliches Material mit dem Hubschrauber oder, wo möglich, dem Geländewagen transportiert.

☺ Wenn Ihnen Schnäpse oft zu scharf sind, probieren Sie mal den milden Kräuter-Enzian von Grassl!

Viele weitere Informationen, auch zu Besichtigungsmöglichkeiten, unter www.grassl.com

Gefahren

Wer in die Berge geht, sollte sich über die dort anzutreffenden Gefahren ein paar Gedanken machen. Immer wieder muss die ehrenamtliche Bergwacht ausrücken, um verletzte, erkrankte oder erschöpfte Wanderer zu bergen. Ernsthafte gesundheitliche Probleme und Todesfälle sind oft die Folgen von Unerfahrenheit, Selbstüberschätzung und unzureichender Ausrüstung.

Es würde den Rahmen dieses Buches sprengen, das Thema Gefahren in den Bergen erschöpfend zu behandeln. Jeder Wanderer und Bergsteiger sollte sich aber der erhöhten Eigenverantwortung bewusst sein, wenn er sich in einem Gelände bewegt, in dem Ordnungsamt, TÜV und Berufsgenossenschaft nicht alles geregelt haben. Neben subjektiven Faktoren wie Leichtsinn und Unerfahrenheit spielen besonders folgende objektive Risiken beim Bergwandern eine Rolle:

- Blitzschlag
- Kaltfront
- Steinschlag

Vor den ersten beiden Bedrohungen schützen Sie sich am besten mit dem aktuellen Wetterbericht. ☞ Wetter

Dem Gewitter sollten Sie zeitlich und räumlich ausweichen, indem Sie z. B. früh starten, um vor dem Gewitter auf der nächsten Hütte zu sein, oder indem Sie statt einer hochgelegenen Route über die Grate lieber durch das Tal absteigen.

Gegen die Kaltfront hilft warme und wasserdichte Kleidung, bei Schneefall möglicherweise eine Alternativroute.

Achten Sie beim Wandern darauf, keine Steine auszulösen! So vermeiden Sie die Gefährdung anderer Bergsteiger.

Eigene Unfälle durch Steinschlag können Sie vermeiden, indem Sie das Gelände mit offenen Augen betrachten. Steinige Rinnen, Steilwände oder Stellen, wo über Ihnen andere Bergsteiger gehen könnten, sollten Sie zügig passieren. Auch Stellen, an denen schon viele heruntergefallene Steine liegen, sollten Sie für Ihre Rast meiden.

Gehtechnik

Entscheidend für die Sicherheit und den Genuss der Trekkingtour ist eine gute Gehtechnik. Dabei geht es einerseits darum, sicher auf beiden Füßen zu stehen, andererseits darum, möglichst ausdauernd zu gehen. Ein, vor allem im Anstieg, langsames und gleichmäßiges Gehtempo hilft, den Puls möglichst niedrig zu halten. Das wiederum trägt zur Schonung der Kraftreserven bei. Ein Standardfehler besteht bei vielen Wanderern darin, dass sie das Gehtempo der ebenen Strecken auch bei den Steigungen beibehalten. Leider hält das kaum jemand lange durch. Reduzieren Sie stattdessen Ihr Tempo mit zunehmender Steilheit und versuchen Sie, möglichst wenig außer Atem zu geraten. Kurze Stopps tragen nicht zur Erholung bei. Machen Sie lieber weniger Pausen, vielleicht nur einmal in 1-2 Stunden, dafür dann aber mindestens 20 Min. lang. Stop-and-Go zermürbt die Ausdauer.

Wenn Sie sicher auf beiden Beinen stehen und gehen wollen, dann achten Sie auf Ihren Körperschwerpunkt! Im steilen Gelände lehnt sich der unsichere Bergsteiger instinktiv zum Hang. Dies führt schnell zum Ab- oder Ausrutschen. Versuchen Sie, das Gewicht von Körper und Rucksack senkrecht über den Sohlen zu behalten. Auf rutschigen Strecken, beispielsweise steilen Schotterwegen, lehnen Sie sich wie ein Skifahrer etwas Richtung Tal. Sie rutschen dann seltener, und wenn, dann können Sie sich leichter abfangen.

Das Thema Gehtechnik ist sehr komplex und kann hier nur kurz angeschnitten werden.

Gehzeiten

Die angegebenen Gehzeiten sind Nettozeiten, d. h. ohne Pausen gerechnet.

Bei Abstechern und Gipfelbesteigungen sind die Gehzeiten für Hin- und Rückweg angegeben.

Die Gehzeiten variieren natürlich sehr nach individuellem Tempo, Wegzustand und anderen Faktoren. Die gemessenen Zeiten stammen von Touren, auf denen ich mit Wandergruppen unterwegs war. Sie werden von sportlichen Schnellwanderern deutlich unterboten werden. Für die, die das Tempo einer durchschnittlichen Wandergruppe gehen, sollten die Angaben aber in etwa passen.

Bei der Routenplanung für diese Gruppen lege ich eine gängige Berechnungsmethode zu Grunde. Diese geht davon aus, dass die Gruppe in einer Stunde entweder 300 hm aufwärts, 500 hm abwärts oder 4 km in der Ebene schafft. Wie aus der getrennten Berechnung von Höhe und Strecke die Gehzeiten abgeleitet werden, können Sie im Internet lesen: 💻 www.trekkingguide.de/knowhow/tourenplanung.htm

Geld

Geldautomaten finden Sie in Berchtesgaden in der Innenstadt (z. B. Maximilianstr. 6), in Schönau (z. B. Oberschönauer Str. 25) und am Königssee (z. B. Seestr. 17).

In den Hütten können Sie nur bar bezahlen, Maestro- oder Kreditkarten werden normalerweise nicht akzeptiert (auf dem Ingolstädter Haus kann man es im Notfall mal probieren).

Rechnen Sie pro Tag mit etwa € 30-35 für Übernachtung, Frühstück und Abendessen, wenn Sie Mitglied im Alpenverein sind. Falls nicht, zahlen Sie pro Nacht auf den AV-Hütten etwa € 10-12 mehr. Dazu kommen Getränke, Zwischenmahlzeiten, Lunchpakete, Kosten für Duschmarken und ggf. die Bootsfahrt auf dem Königssee.

Falls Sie eine Woche auf AV-Hütten unterwegs sind, lohnt sich vielleicht schon eine Mitgliedschaft im Alpenverein. Die Kosten dafür sind bei den Sektionen (Ortsgruppen) unterschiedlich und liegen zwischen € 45 und € 90 pro Jahr (2015). Dafür gibt es aber auch eine ganze Reihe von Leistungen wie z. B. eine Unfallversicherung für Bergtouren. Weitere Informationen bekommen Sie unter www.alpenverein.de/Mitglied-werden-DAV/

Da die Wimbachgrieshütte (Naturfreundehaus) und die Kührointalm (privat) keine Alpenvereinshütten sind, bekommen Sie hier keine Ermäßigung als Alpenvereinsmitglied!

GPS

Tracks der Hauptroute können Sie sich für Ihr GPS-Gerät herunterladen unter:

- www.trekkingguide.de/wandern/alpen_watzmann.htm
- http://gps.conrad-stein-verlag.de/332Watzmanntrek01ah61.zip. Wenn Sie diese URL in Ihrem Internetbrowser eingegeben haben (bitte auf Groß- und Kleinschreibung achten), öffnet sich entweder ein Downloadfenster oder es startet direkt ein Download. Ist Letzteres der Fall, finden Sie die GPS-Tracks (als ZIP-Datei) kurz darauf in Ihrem Download-Ordner. Mit einem Programm wie Winzip können Sie die Datei ganz einfach entpacken.

Die Koordinaten im Text sind i. d. R. als UTM- und als geografische Daten angegeben. Achten Sie bei der Einstellung Ihres GPS-Empfängers auf das Kartendatum WGS84.

☺ Sollten Sie ein GPS-Gerät mitführen, dann denken Sie daran, dass die Akkus auf den Hütten meist nicht aufgeladen werden können!

Information

Touristische Informationsstellen in den Orten

- Touristinformation im Kongresshaus Berchtesgaden, Maximilianstr. 9, 83471 Berchtesgaden, ☎ 00 49(0)86 52/94 45-300, ☎ Zimmer-Information: 00 49(0)86 52/94 45-340, FAX 00 49(0)86 52/967-381, ✉ tourist-info@berchtesgaden.de
- ♦ Touristinformation Ramsau, Im Tal 2, 83486 Ramsau, ☎ 00 49(0)86 57/98 89-20, FAX 00 49(0)86 57/772, ✉ info@ramsau.de
- ♦ Touristinformation Schönau a. Königssee, Rathausplatz 1, 83471 Schönau a. Königssee, ☎ 00 49(0)86 52/17 60, FAX 00 49(0)86 52/40 50, ✉ tourismus@koenigssee.com
- ♦ Touristinformation am Königssee, Seestraße 3, 83471 Schönau a. Königssee, ☎ 00 49(0)86 52/655 98-0, FAX 00 49(0)86 52/655 98-29, ✉ mail@koenigssee.com

Alpine Auskunft Berchtesgaden (DAV)

Hilfe bei der Tourenplanung und Informationen über Hütten, Schnee-, Wetter- und Wegeverhältnisse. Vermittlung von Übernachtungen und Bergführern.
Juni - September, Montag - Freitag, 16:00-18:00
Watzmannstr. 4, 83483 Bischofswiesen, ☎ 00 49(0)86 25/976 46 15,
✉ alpine-auskunft@dav-berchtesgaden.de (E-Mail-Auskunft ganzjährig)

Nationalparkverwaltung

Nationalparkverwaltung Berchtesgaden, Doktorberg 6, 83471 Berchtesgaden,
☎ 00 49(0)86 52/96 86-0, FAX 00 49(0)86 52/96 86-40,
✉ poststelle@npv-bgd.bayern.de

Informationen im Internet

- Wander- und Trekking-Portal: www.trekkingguide.de. Unter dem Titel Know-How liefere ich hier Informationen zur Ausrüstung, besonders zu Schuhen und zu Rucksäcken incl. Tipps zum Packen und Einstellen. Eine Anleitung zur Tourenplanung sowie Verhalten bei Gefahren und in Notfällen sind ebenso enthalten wie Tipps zur Gehtechnik und -taktik. Auch finden sich hier neben weiteren Informationen zur Region Berchtesgaden-Watzmann-Königssee Hinweise zu benachbarten Bergen wie Hochkalter, Reiteralm, Untersberg usw.
- Tourismus-Portal für die Region: www.berchtesgadener-land.com
- Nationalpark Berchtesgaden: www.nationalpark-berchtesgaden.de

Klima und Reisezeit

Die Hütten sind, individuell unterschiedlich, ungefähr zwischen Anfang Juni und Mitte Oktober geöffnet. Diese Öffnungszeiten markieren auch die beste Reisezeit für den Watzmanntrek.

In Juni und Juli müssen Sie in den höheren Schattenlagen, und vor allem im Steinernen Meer, mit Altschneeresten rechnen. Hier ist besondere Vorsicht angebracht. Viele Blüten und das zarte Grün der Lärchenwälder sprechen für diese Zeit.

Im Hochsommer, besonders bei stabilem, schönem Wetter in der Haupt-Ferienzeit, sind die Hütten oft sehr voll. Eine frühzeitige Reservierung ist dann unbedingt empfehlenswert.

Ende September bis in den Oktober verfärbt sich der Bergwald und liefert ein prächtiges Bild, allerdings gehen die Temperaturen schon wieder leicht zurück und die Tage werden kürzer.

Generell müssen Sie, wie überall in den Alpen, jederzeit mit Wetterkapriolen rechnen. Es kann mitten im Hochsommer schneien, genauso können Sie im Juni oder Anfang Oktober von großer Hitze geplagt werden. Am schönsten sind natürlich stabile Hochdruckwetterlagen, die im Sommer oft mehrere Wochen halten. Aber auch dann muss man mit nachmittäglichen Gewittern und Temperaturabfall rechnen.

Landkarten und Wegmarkierungen

Die Wege im Nationalpark sind meist sehr gut markiert und beschildert. Bei schlechter Sicht im Steinernen Meer und im Frühsommer, wenn Schneereste die Markierungen bedecken, kann es mit der Orientierung Probleme geben. Eine gute Karte im Maßstab 1:25.000 ist dann sehr hilfreich.

Die beste Karte für das Gebiet ist die Alpenvereinskarte „Bayerische Alpen 21. Nationalpark Berchtesgaden, Watzmann 1:25.000“. Bis vor wenigen Jahren brauchte man mehrere Blätter der Alpenvereinskarten, jetzt hat man den Nationalpark Berchtesgaden auf einer Karte zusammengefasst. Erhältlich im Buchhandel, ISBN 978-3-93753046-8. € 9,80. Die Karte gibt es auch als digitale Version.

Die Karte vom Landesamt für Vermessung und Geoinformation Bayern „Nationalpark Berchtesgaden, Umgebungskarte 1:25.000“ ist auch brauchbar. Leider fehlt hier aber der südliche Teil des Steinernen Meeres mit dem Riemannhaus und den (Not-)Abstiegen Richtung Saalfelden. Diese Karte gibt es normalerweise auch in Berchtesgaden am Bahnhof für € 6,60, ISBN 978-3-89933123-3.

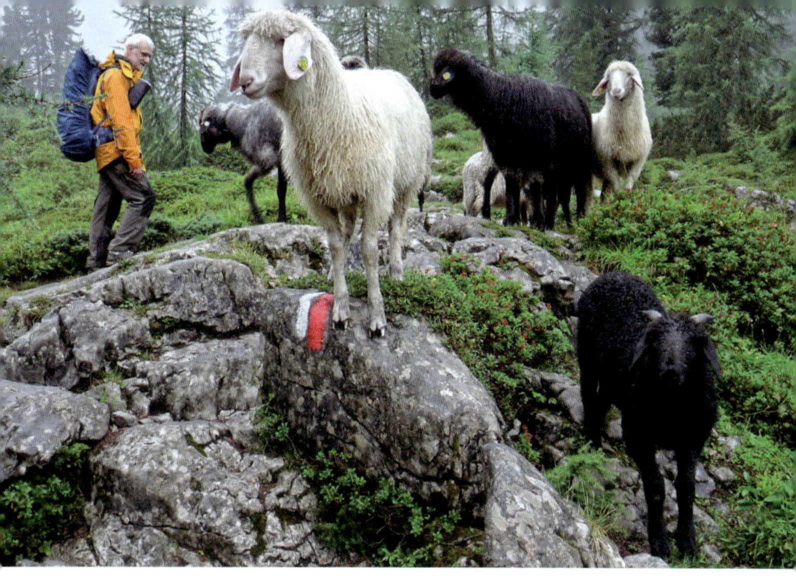

Wegmarkierung im Baumgartl

Literaturtipps und Hörspiel

- Für die Berchtesgadener Alpen gibt es verschiedene Wanderführer, die Tagestouren beschreiben. Einer der besten davon ist der Führer aus dem Rother Verlag: **Berchtesgadener Land - Die schönsten Tal- und Bergwanderungen**. ISBN: 978-3-76334226-6.
- Bergsteiger und Kletterer, die Lust auf anspruchsvollere Touren bekommen haben, finden diese im Führer: **Berchtesgadener Alpen**. Alpenvereinsführer alpin. Bergverlag Rother. ISBN: 978-3-76331127-9. Diese Gebietsführer des Alpenvereins schlagen keine fertigen Wanderungen vor, sondern beschreiben alle möglichen Wege. Daraus baut sich der Leser dann mit Hilfe von Randzahlen und Verweisen seine eigene Tour zusammen. Das ist anfangs etwas mühsam und eher geeignet für Bergsteiger, die schon genau wissen, wo sie hinwollen.
- Eine Mischung aus anspruchsvollen und mittelschweren Bergtouren bietet der schön aufgemachte Führer vom Bruckmann-Verlag: **Berchtesgadener Alpen**. 60 Gipfeltouren, Höhenwege, Klettersteige mit Loferer und Leoganger Steinbergen. ISBN: 978-3-765453748.
- **Die Pflanzenwelt des Nationalparks Berchtesgaden** (2003). Lippert W., Peer T., Seidenschwarz J., Wunder H. ISBN: 978-3-925647-33-8.

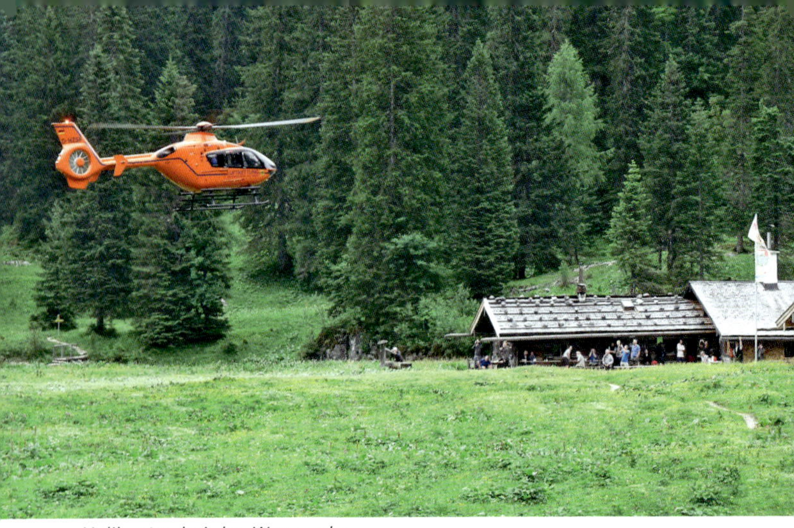

Helikopter bei der Wasseralm

📖 **Die Tierwelt des Nationalparks Berchtesgaden** (2006). Ulrich Brendel. ISBN: 978-3-925647-42-0.

♦ **Watzmann: Mythos und wilder Berg.** Die umfangreiche Bergmonografie von Horst Höfler liefert viel Wissenswertes und viele Geschichten um den Watzmann mit schönen, tlw. historischen Fotos. ISBN: 978-3-90511161-3.

𝄞 **Der Watzmann ruft.** Hörspiel von Wolfgang Ambros, Manfred Tauchen und Josef Prokopetz. Das Kulthörspiel ist eine skurrile Einstimmung auf den Watzmanntrek. ASIN: B0000085EF.

Medizinische Versorgung, Rettungsmöglichkeiten

Die Rettungsmöglichkeiten sind im Nationalpark vergleichsweise gut. Bergwacht und Helikopterpiloten sind sehr erfahren und gut ausgebildet, die umliegenden Krankenhäuser auf Unfallopfer eingerichtet.

Trotzdem gibt es einige Einschränkungen, vor allem durch die Wettersituation. Die nächste Straße ist meist viele Stunden Fußmarsch entfernt, das Rettungssystem ist auf die Helikopter angewiesen. Diese können bei schlechtem Wetter oft nicht fliegen, so dass die Bergwacht oder der Arzt den Verletzten dann zu Fuß erreichen müssen.

Notfallmaßnahmen und Notruf

Maßnahmen

Was ist zu tun, wenn ein Unfall passiert ist?

- ▷ Ruhe bewahren!
- ▷ Selbstschutz (ein Verletzter braucht einsatzfähige Retter)
- ▷ Verletzten vor weiterem Übel schützen, aus der Gefahrenzone bringen
- ▷ Erste Hilfe leisten
- ▷ Notruf absetzen
- ▷ Anweisungen des Rettungsdienstes oder der Bergwacht beachten
- ▷ Verletzten betreuen (Zuspruch, Wärme, beruhigen, beobachten ...)

Notruf

Vor dem eigentlichen Notruf:

- ▷ Übersicht verschaffen, Notfall klar erfassen
- ▷ Welche Verletzungen liegen vor?
- ▷ Wie viele Personen sind verletzt?
- ▷ Wo befinde ich mich?

Folgende Informationen werden vom Rettungsdienst benötigt:

- ▷ Wo? genaue Ortsbezeichnung, Koordinaten, Höhe ... (zuerst Standort angeben, falls Kontakt zwischenzeitlich abbricht)
- ▷ Was ist geschehen?
- ▷ Wie viele Verletzte gibt es?
- ▷ Welche Verletzungen liegen vor? Notarzt erforderlich oder nicht?
- ▷ Wer ruft an?
- ▷ Wetterverhältnisse vor Ort?
- ▷ Getroffene Maßnahmen, eigene Mittel?
- ▷ Fragen lassen! Nicht sofort wieder auflegen!

Weitere Maßnahmen: Handy Akku sparen, Leitung frei halten, beruhigend auf alle Beteiligten einwirken

- ▷ Notrufnummer Bergwacht, Rettungsdienst (international): ☏ 112
- ▷ Österreichische Bergrettung: ☏ 140

Bitte beachten Sie, dass Sie sich auf dem Watzmanntrek überwiegend außerhalb der Netzabdeckung der Telefonanbieter befinden. Spätestens von der nächsten Hütte aus gibt es aber eine Verbindung ins Tal. Hinweise zur Netzabdeckung finden sich auch in der Wegbeschreibung.

Das alpine Notsignal hilft, wenn das Handy nicht zur Verfügung steht:

- 6 mal pro Min. (= 6 mal alle 10 Sek.) Signal geben (optisch oder akustisch)
- 1 Min. Pause
- dann wieder 6 mal pro Min. Signal geben

Wenn Sie gehört wurden wird geantwortet, mit einem Signal 3 mal in einer Minute.

Die Signale können akustisch oder optisch sein, z. B. mit Hilfe von Taschenlampe, Kamera-Blitz, Pfeife, Spiegel (Sonnenstrahlen), Signalraketen etc. Manchmal hilft etwas Fantasie. Selbst Rettungen nach Sichtung eines Handydisplays im Dunkeln hat es schon gegeben.

Bei Sichtkontakt gibt es ein weiteres internationales Notsignal:

- Y = Yes = ich brauche Hilfe: Eine Person steht aufrecht mit geschlossenen Beinen und über dem Kopf ausgebreiteten Armen. Sie bildet ein Y nach.
- N = No = ich brauche keine Hilfe: Eine Person seht aufrecht mit geschlossenen Beinen, hebt den rechten gestreckten Arm und senkt den linken. Sie formt den mittleren schrägen Balken des Buchstaben N.

Dieses System eignet sich auch, um ggf. mit einem Helikopterpiloten zu kommunizieren und Fragen mit Ja oder Nein beantworten zu können.

Post

Hin und wieder können Sie auch auf den Hütten Postkarten erwerben. Wenn Sie auf Nummer sicher gehen wollen, dann kaufen Sie die Karten spätestens im Dorf Königssee oder in Salet und bringen das Porto schon mit. Der einzige Briefkasten auf dem Watzmanntrek befindet sich unmittelbar an der Wimbachbrücke am Toilettenhaus.

Telekommunikation

Vorwahlnummern

Deutschland 00 49, Österreich 00 43

Die Telefonnummern sind mit ihrer internationalen Vorwahl angegeben. Sowohl in Deutschland als auch in Österreich können Sie bei einem Inlandsgespräch 049 bzw. 043 weglassen (00 49(0)86 52/xxxx => 086 52/xxxx).

Bedenken Sie, dass der Watzmanntrek teilweise (Riemannhaus, Ingolstädter Haus) auch durch österreichisches Gebiet verläuft und Sie dann nach Deutschland die internationale Vorwahl wählen müssen.

Telefonieren auf Hütten, Internet

Mittlerweile sind alle Hütten mit Telefonen ausgestattet. Diese sind aber nicht für die Gäste gedacht. Ausnahme: das Münztelefon in der Wimbachgrieshütte. Für Notfälle, oder auch für Meldungen an die nächste Hütte, sollte man den Hüttenwirt ansprechen. Öffentliche Internetzugänge gibt es auf den Hütten nicht.

Mobilfunknetz

Das Mobilfunknetz ist in den Bergen des Nationalparks sehr dünn. Auch bei den Hütten müssen Sie sich oft ein Plätzchen suchen, an dem Sie Ihren Provider empfangen können, und auch dort ist das manchmal vergebens. Insgesamt ist der Empfang auf der Nordseite des Watzmann, also gegen Ende der Tour, häufiger, als am Anfang des Treks.

Zwischenzeitlich schalten Sie Ihr Mobiltelefon am besten aus, da das vergebliche Suchen nach dem Mobilfunknetz viel Akkuleistung verbraucht. Auf den Hütten gibt es meistens keine Möglichkeit, den Akku aufzuladen.

Unterkunft, Berghütten

Die meisten Berghütten werden von den verschiedenen Sektionen des Alpenvereins betrieben, die Wimbachgrieshütte ist ein Naturfreundehaus, die Gotzenalm und die Kühroint-Hütte werden privat bewirtschaftet.

Das Übernachten in Berghütten ist anders als das Übernachten im Gasthaus oder Hotel. Der Hüttenwirt hat die Aufgabe, unter schwierigen Bedingungen ein warmes, trockenes Lager mitsamt Verpflegung anzubieten. Vom Wanderer wird erwartet, dass er durch sein Verhalten den anderen Gästen und dem Wirt das Leben möglichst wenig erschwert.

Die Situation lässt sich leichter verstehen, wenn der Hüttengast sich folgendes klar macht: Die Hütte ist nicht die Alternative zum Hotel, sondern zum Zelt! Die Hütten sind fast alle von den Alpenvereinen erbaut worden, damit ihre Mitglieder mehrtägige Bergtouren erleben können, ohne im Zelt oder im Freien übernachten zu müssen.

Sie sollten demnach nicht enttäuscht sein, wenn die Hütte keinen Hotelstandard bietet. Seien Sie erfreut, dass Sie in der Abgeschiedenheit des Hochgebirges ein Dach über dem Kopf haben und warme Mahlzeiten bekommen ... und genießen Sie das einfache Leben!

Die erwähnten schwierigen Bedingungen für Hüttenbetreiber resultieren daraus, dass vom Stuhl bis zum Schnitzel alles aufwändig herbeigeschafft werden muss, oft mit dem Helikopter und mit entsprechenden Kosten. Die Winter sind lang und hart und die Gebäude leiden unter den Witterungseinflüssen. Im Kalkgebiet ist im Sommer das Wasser knapp und muss aufwändig gespeichert und behandelt werden. An schönen Sommerwochenenden ist die Hütte vielleicht zum Bersten voll, während an einem regnerischen Wochentag fast niemand kommt.

Schneefelder im Juni am Ingolstädter Haus

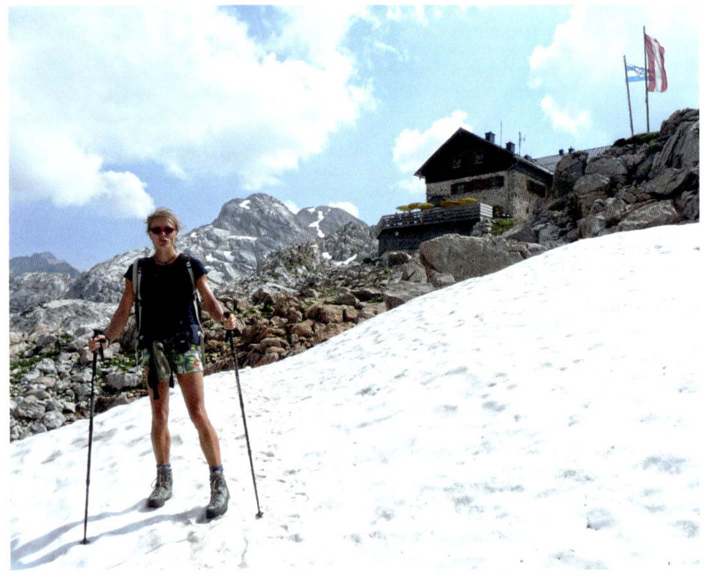

Diese Aufzählung ließe sich noch lange fortsetzen. Ist es da ein Wunder, dass die Freundlichkeit des Hüttenwirtes auch mal etwas nachlässt, wenn der zehnte Gast mit schmutzigen Bergstiefeln das Lager betritt, der Müll zwischen den Matratzen entsorgt wird, reservierende Gäste ohne Absage einfach nicht kommen, eine ganze Gruppe ihren Proviant vom Frühstücksbuffet mitnimmt und abends grölend den selbst mitgebrachten Schnaps bechert?

Auch diese Liste ließe sich noch fortsetzen. Haben Sie also etwas Verständnis für die Situation der Hüttenwirte!

Hier ein paar Hinweise, die das Leben auf Berghütten leichter machen:

- ▷ frühzeitig reservieren und frühzeitig absagen, wenn Sie Ihre Reservierung nicht wahrnehmen
- ▷ Lager und Zimmer nicht mit Bergschuhen betreten
- ▷ Hüttenruhe einhalten (meist ab 22:00)
- ▷ nachts und morgens ruhig verhalten, damit andere Wanderer schlafen können
- ▷ morgens Betten herrichten, wie Sie sie vorgefunden haben
- ▷ Lunchpakete kaufen statt Proviant vom Buffet nehmen
- ▷ Müll wieder mit ins Tal nehmen
- ▷ „Rücksicht" heißt das Zauberwort!

In der Hütte liegen auf den Matratzen je ein Kopfkissen und 1-2 Woll- oder Kunststoffdecken pro Bergsteiger bereit. Man schläft im Hüttenschlafsack, damit Kissen und Decken nicht so oft gewaschen werden müssen. Energie, Wasser, Personal und technische Ausstattung sind begrenzt. Auch wenn die Matratzen und Kissen bezogen sind: Verwenden Sie den Hüttenschlafsack! Wenn Ihnen das Kopfteil des Schlafsackes zu unbequem ist, können Sie z. B. auch ein sauberes T-Shirt als Kissenbezug verwenden.

Die bewirtschafteten Alpenvereinshütten haben oft auch sog. **Winterräume**. Die funktionieren wie Selbstversorger-Hütten. Manche Winterräume sind offen, für andere müssen Sie sich im Tal die Schlüssel besorgen. Viele Winterräume des Deutschen und Österreichischen Alpenvereins lassen sich mit einem Generalschlüssel („Winterraumschlüssel") öffnen, den Mitglieder der Alpenvereine bei ihren Sektionen ausleihen können. Die Winterräume sind erst nach Ende der Bewirtschaftung im Spätsommer (September/Oktober) und nur bis zum Beginn der nächsten Saison (Mai/Juni) für Selbstversorger zu nutzen. Dies ist aber eine tolle Gelegenheit, Herbst, Winter und Frühjahr ohne großen Rummel in den Bergen zu verbringen. Der Rucksack wird durch die benötigte Ausrüstung und den Proviant natürlich deutlich schwerer als bei sommerlichen Hüttentouren.

Kosten Berghütten

Die Preise für Übernachtung und Verpflegung in den Hütten sind sehr unterschiedlich. Beispielsweise liegen die Preise für einen Platz im Matratzenlager der Alpenvereinshütten bei etwa € 10-12 für Vereinsmitglieder und € 20-22 für Nichtmitglieder. Bettenlager sind etwas teurer. Für Frühstück und Abendessen sollten weitere € 15-25 eingeplant werden. Die privaten Hütten liegen preislich etwas unter den Nichtmitgliederpreisen der AV-Hütten. Das Naturfreundehaus ist für Mitglieder und Nichtmitglieder etwas günstiger als die AV-Hütten.

Unterkünfte im Tal

Bei der An- und Abreise benötigen Sie vermutlich eine Übernachtung im Tal. Wenn Sie am nächsten Tag ohne Umwege starten wollen, buchen Sie sich am besten im Dorf Königssee ein.

☺ Von der Lage her ideal positionieren sich zwei Hotels:

Hotel Schiffmeister, Seestraße 34, 83471 Schönau am Königssee, ☎ 00 49(0)86 52/963 50, FAX 00 49(0)86 52/96 35 18, info@hotel-schiffmeister.de, www.hotel-schiffmeister.de. Übernachtung mit Frühstück ab ca. € 40 p. P. im Doppelzimmer. Schöner Biergarten am Wasser.

Hotel Königssee, Seestraße 29, 83471 Schönau am Königssee, ☎ 00 49(0)86 52/65 80, FAX 00 49(0)86 52/658 49, hotel@koenigssee.com, www.hotel.koenigssee.com. Restaurant mit Biergarten. Übernachtung mit Frühstück ab ca. € 44 p. P. im Doppelzimmer.

In beiden Hotels wird man freundlich empfangen. Trotz einiger Renovierungen hier und da noch 70er-Jahre-Ambiente, aber sie sind aufgrund ihrer Lage für die erste und die letzte Nacht der Trekkingtour gut geeignet. Die Häuser liegen fast direkt am Bootsanleger, und abends, wenn die Tagesausflügler wieder abgereist sind, locken schöne Biergärten am Wasser und Spaziergänge mit ersten (oder letzten) Blicken auf den Bayerischen Fjord.

☺ Nur wenig entfernt von den Anlegestellen liegt die angenehme und beliebte Pension **Brandtnerhof** nahe der Jennerbahn-Talstation: Brandnerstr. 18, 83471 Schönau am Königssee, ☎ 00 49(0)86 52/23 36, FAX 00 49(0)86 52/661 51, info@brandtnerhof.de, www.brandtnerhof.de. Übernachtung mit Frühstück ab ca. € 23 p. P. im Doppelzimmer. Café und Restaurant befinden sich im Haus.

In der Nachbarschaft der Jennerbahnstation finden Sie auch:

Hotel Bergheimat, Familie Lenz, Brandnerstr. 16, 83471 Schönau am Königssee, ☎ 00 49(0)86 52/60 80, FAX 00 49(0)86 52/60 83 00, info@hotel-bergheimat.de, www.hotel-bergheimat.de. Übernachtung mit Frühstück ab ca. € 38 p. P. im Doppelzimmer.

An der Zufahrt zum Dorf Königssee, direkt bei der Tourist Information und am großen Parkplatz, liegt das **Hotel Königsseer Hof**, Seestraße 6, 83471 Schönau am Königssee, ☎ 00 49(0)86 52/94 78 60, FAX 00 49(0)86 52/947 86 60, info@koenigsseer-hof.de, www.koenigsseer-hof.de. Übernachtung mit Frühstück ab ca. € 49 p. P. im Doppelzimmer.

Updates

Der Conrad Stein Verlag veröffentlicht Updates zu diesem Buch, die direkt von dem Autor oder von Lesern dieses Buches stammen. Bitte suchen Sie vor Ihrer

Abreise auf der Verlags-Homepage www.conrad-stein-verlag.de diesen Titel. Unter dem Link „mehr lesen" finden Sie alle wichtigen Informationen.

Der abgebildete QR-Code führt Sie direkt zu der richtigen Seite.

Wetter

In den Bergen kann zu jeder Zeit fast jedes Wetter auftreten. Im Winter bei Sonnenschein im Hemd zu laufen ist genauso möglich wie Schnee im August. Je nach persönlichen Fähigkeiten und Erfahrungen können dem Wanderer unerwartete Wetterschwankungen gefährlich werden. Bei mangelnder Trittsicherheit ist schon der nasse und dadurch rutschige Fels ein Problem, für alle Bergwanderer jedoch wird es besonders bei zwei Wetterlagen riskant: Gewitter und Kaltfront.

Sollte der Wetterbericht von Gewitterneigung oder Kaltfront sprechen, ist also Aufmerksamkeit gefragt. Ersteres gefährdet den Bergsteiger vor allem durch den Blitzschlag, der besonders häufig an exponierten Geländebereichen trifft. Kaltfronten, die i. d. R. auch Gewitter mitbringen, lassen das Thermometer schnell mal um 15° C fallen, so dass auch im Sommer Schneefall auftreten kann. So ist es durchaus möglich, dass Sie abends auf der Terrasse des Ingolstädter Hauses in der Sonne sitzen, und Ihr Sitzplatz am nächsten Morgen von einer Hand breit Schnee bedeckt ist.

Die gute Nachricht: Sowohl Gewitter, als auch Kaltfronten werden von den Meteorologen recht sicher prognostiziert. Wer den aktuellen Wetterbericht abfragt, sollte also gewarnt sein.

3 Grundregeln:

- ▷ Aktuelle Wettervorhersage für Tourengebiet einholen
- ▷ Wetterentwicklung im Gebiet frühzeitig und laufend beobachten
- ▷ Auf Wetteränderungen vorbereitet sein

Informationsstellen:

DAV Bergwetter: www.alpenverein.de/DAV-Services/Bergwetter/, ☏ als Tonband-Ansage: 00 49(0)89/29 50 70, ☏ Persönliche Beratung: Montag - Freitag, 13:00-18:00 unter 00 43(0)512/29 16 00

Zur Information unterwegs dienen auch die Aushänge der Wetterberichte in den Hütten. Falls diese nicht aktuell sind, können Sie die Hüttenwirte nach den neuesten Prognosen fragen.

Die Etappen des Watzmann-Treks

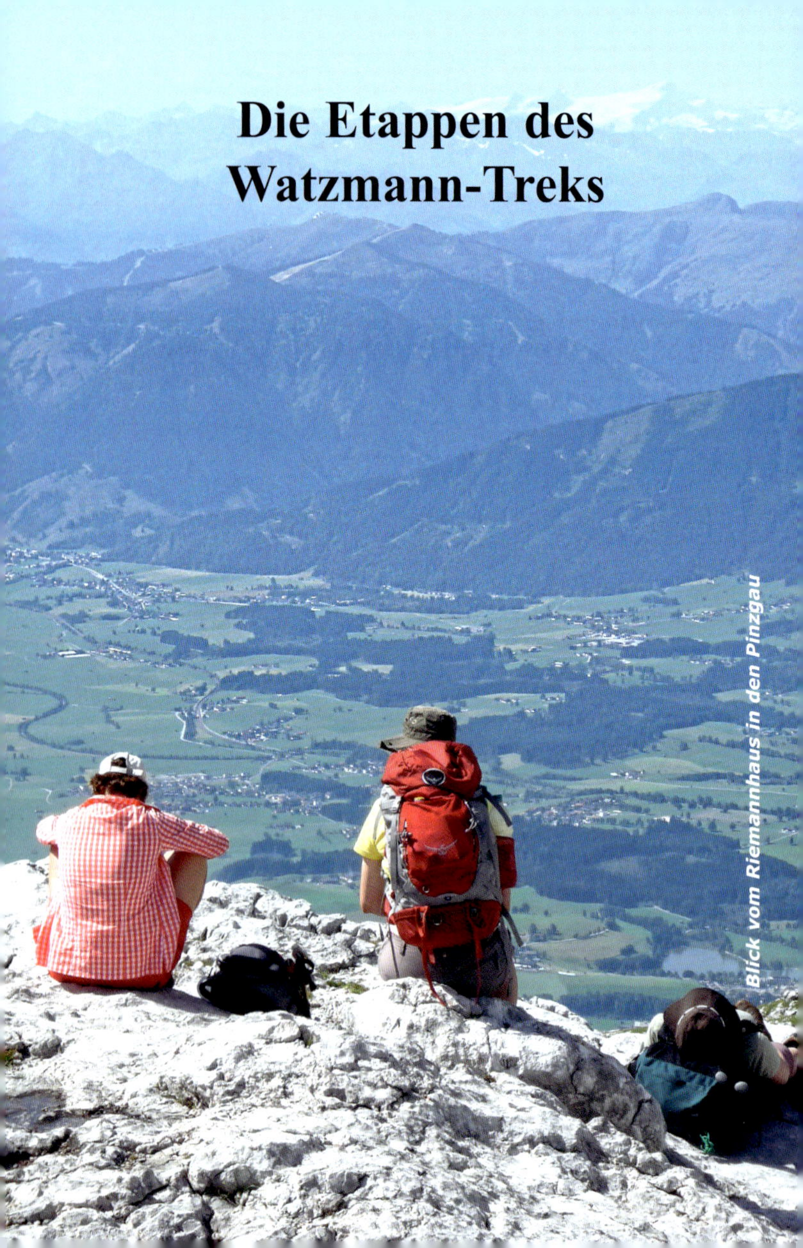

Blick vom Riemannhaus in den Pinzgau

Das Gebiet um Watzmann und Königssee ist von einer Fülle von attraktiven Wanderrouten durchzogen. So gibt es mehr als eine Möglichkeit, die beiden landschaftlichen Höhepunkte der deutschen Alpen zu umrunden. Sie könnten den Trek mehrfach wandern und trotzdem immer wieder neue Wege benutzen.

Die in diesem OutdoorHandbuch als Hauptroute beschriebene Strecke bietet ein Maximum an unterschiedlichsten Erlebnissen. Dazu gehören die eindrucksvolle Bootsfahrt auf dem Königssee und die besten Aussichtspunkte genauso wie eine möglichst vielfältige Mischung der landschaftlichen Höhepunkte, abenteuerlichen Wege und eine sinnvolle Einteilung der Tagesetappen für eine Wochentour. Gleichzeitig finden Sie hier verschiedene Varianten, Alternativen und Abstecher, die dabei helfen, die Tour je nach eigener Urlaubsplanung zu verlängern oder - was schade wäre - zu verkürzen.

Varianten unterschiedlicher Länge

Hier ein paar Vorschläge für unterschiedliche Urlaubslängen:

▷ **Alternative (verkürzte Hauptroute) 5 Tage:**

Tag 1: Schönau/Königssee - Bootsfahrt - Salet - Wasseralm
Tag 2: Wasseralm - Halsköpfl - Grünsee - Kärlingerhaus - Ingolstädter Haus
Tag 3: Ingolstädter Haus - Hundstodgatterl - Trischübl - Wimbachgrieshütte
Tag 4: Wimbachgrieshütte - Wimbachbrücke - Watzmannhaus
Tag 5: Watzmannhaus - Watzmann Hocheck - Kühroint - Schönau/Königssee (langer Abstieg)

▷ **Alternative (verkürzte Hauptroute) 6 Tage:**

Tag 1: Schönau/Königssee - Bootsfahrt - Salet - Wasseralm
Tag 2: Wasseralm - Halsköpfl - Grünsee - Kärlingerhaus
Tag 3: Kärlingerhaus - Riemannhaus - Ingolstädter Haus
Tag 4: Ingolstädter Haus - Hundstodgatterl - Trischübl - Wimbachgrieshütte
Tag 5: Wimbachgrieshütte - Wimbachbrücke - Watzmannhaus
Tag 6: Watzmannhaus - Watzmann Hocheck - Kühroint - Schönau/Königssee (langer Abstieg)

▷ **Hauptroute 7 Tage:**

Tag 1: Schönau/Königssee - Bootsfahrt - Salet - Wasseralm
Tag 2: Wasseralm - Halsköpfl - Grünsee - Kärlingerhaus
Tag 3: Kärlingerhaus - Riemannhaus - Ingolstädter Haus
Tag 4: Ingolstädter Haus - Hundstodgatterl - Trischübl - Wimbachgrieshütte

Tag 5: Wimbachgrieshütte - Wimbachbrücke - Watzmannhaus
Tag 6: Watzmannhaus - Watzmann Hocheck - Kühroint
Tag 7: Kühroint - Schönau/Königssee

▷ **Alternative 8 Tage:**
Tag 1: Schönau/Königssee - Gotzenalm
Tag 2: Gotzenalm - Wasseralm
Tag 3: Wasseralm - Halsköpfl - Grünsee - Kärlingerhaus
Tag 4: Kärlingerhaus - Riemannhaus - Ingolstädter Haus
Tag 5: Ingolstädter Haus - Hundstodgatterl - Trischübl - Wimbachgrieshütte
Tag 6: Wimbachgrieshütte - Wimbachbrücke - Watzmannhaus
Tag 7: Watzmannhaus - Watzmann Hocheck - Kühroint
Tag 8: Kühroint - Schönau/Königssee

▷ **Alternative 9 Tage:**
Tag 1: Schönau/Königssee - Gotzenalm
Tag 2: Gotzenalm - Wasseralm
Tag 3: Wasseralm - Halsköpfl - Grünsee - Kärlingerhaus
Tag 4: Kärlingerhaus - Riemannhaus - Ingolstädter Haus
Tag 5: Ingolstädter Haus - Hundstodgatterl - Trischübl - Wimbachgrieshütte
Tag 6: Wimbachgrieshütte - Blaueishütte (anspruchsvoll)
Tag 7: Blaueishütte - Wimbachbrücke - Watzmannhaus
Tag 8: Watzmannhaus - Watzmann Hocheck - Kühroint
Tag 9: Kühroint - Schönau/Königssee

☺ Eine weitere attraktive Verlängerung entsteht, wenn der Wanderer auf dem Riemannhaus und/oder Kärlingerhaus eine zusätzliche Übernachtung einschiebt und dort die Bergwelt genießt oder noch den einen oder anderen der attraktiven Aussichtsberge besteigt.

Kurz-Treks

Schwerer fallen die Vorschläge für Kurztreks - schon deshalb, weil zwangsläufig auf herausragende landschaftliche Köstlichkeiten verzichtet werden muss. Als Schnuppertouren bieten sich an:

▷ **Kurztrek 2 Tage:**
Tag 1: Schönau/Königssee - Bootsfahrt - Salet - Wasseralm
Tag 2: Wasseralm - Kärlingerhaus - Saugasse - Sankt Bartholomä - Bootsfahrt - Schönau/Königssee

▷ **Kurztrek 3 Tage:**

Tag 1: Schönau/Königssee - Bootsfahrt - Salet - Wasseralm
Tag 2: Wasseralm - Halsköpfl - Grünsee - Kärlingerhaus
Tag 3: Kärlingerhaus - Saugasse - Sankt Bartholomä - Bootsfahrt - Schönau/Königssee

▷ **Kurztrek 4 Tage:**

Tag 1: Schönau/Königssee - Bootsfahrt - Salet - Wasseralm
Tag 2: Wasseralm - Halsköpfl - Grünsee - Kärlingerhaus
Tag 3: Kärlingerhaus - Riemannhaus - Ingolstädter Haus
Tag 4: Ingolstädter Haus - Sankt Bartholomä - Bootsfahrt - Schönau/Königssee

Etappe 1: Vom Ort Königssee über Salet zur Wasseralm

4-5 Std., 800 m, 10 km, 605-1.435 m

Dorf Königssee	610 m	WC
Sankt Bartholomä	605 m	WC
Salet	605 m	WC
Obersee/Fischunkelalm	620 m	45 Min. ab Salet
Wasseralm	1.420 m	gut 3 Std. - 4 Std. ab Obersee

Der Watzmanntrek beginnt gleich mit einem Abenteuer. Den ersten Teil der Etappe legen Sie per Boot zurück. Die Bootsfahrt über den Königssee ist unvergesslich. Auch wenn Sie den Touristenströmen eigentlich entfliehen wollen, werden Sie das Erlebnis schätzen. Der anschließende Aufstieg zur Wasseralm beginnt harmlos, zeigt bei den ersten steilen Passagen aber, dass es beim Watzmanntrek auf Trittsicherheit und Schwindelfreiheit ankommt.

Von Parkplatz oder Bushaltestelle kommend durchqueren Sie den **Ortsteil Königssee** auf der Haupteinkaufsstraße, der Seestraße, Richtung Süden zum See.

In Königssee kann man an normalen Wochentagen noch letzte Ausrüstungsgegenstände einkaufen, z. B. falls man seinen Hüttenschlafsack oder seine Taschenlampe vergessen hat. Neben Souvenirshops und Cafés gibt es auch ein paar gut ausgestattete Sportgeschäfte mit erstaunlich normalen Preisen. Das Einkaufen war hier bis 2011 auch sonntags und feiertags ab 8:30 möglich, die

Öffnung der Läden wurde danach aber für diese Tage untersagt. Momentan ringen die Geschäftsleute darum, wieder öffnen zu dürfen. Was daraus wird, ist ungewiss. Also lieber zu Hause noch mal überlegen, ob man alles dabeihat!

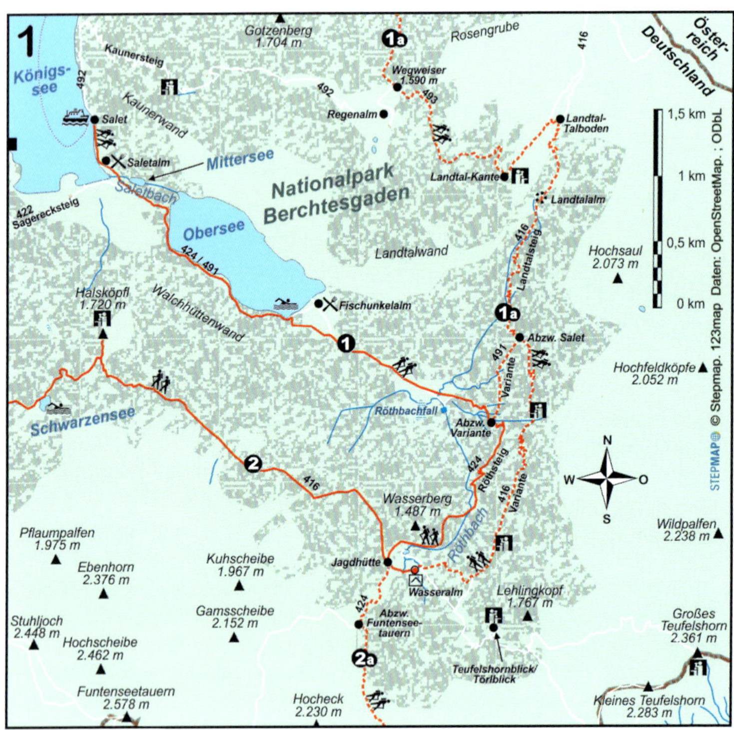

An der sog. **Seelände** (☞ 📷 S. 45) liegt der Hafen der Königsseeschifffahrt mit Bootshäusern, Werft, Landestegen und Ticketschaltern. Außerdem gibt es hier viele Cafés, Eisdielen und Biergärten. In Blickrichtung See erkennt man halb rechts die Bob- und Schlittenbahn, die Heimatstrecke des vielfachen Olympiasiegers Schorsch Hackl aus Bischofswiesen.

Unterhalb der Bobbahn am See befinden sich eine schöne Badestelle (das Baden wird toleriert) und ein empfehlenswerter Biergarten (Echo-Stüberl), der etwas abseits und damit ruhiger liegt als seine Kollegen direkt an der Seelände.

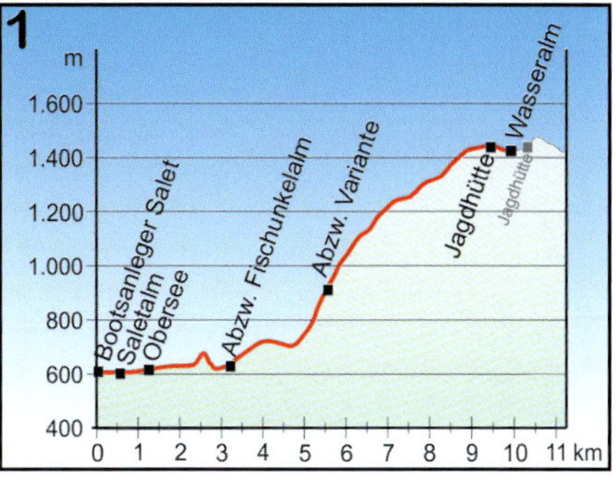

Auf dem Weg dorthin überquert man an einem Stauwehr den Abfluss des Sees, die Königsseer Ache.

Was man von der Seelände aus erkennen kann, ist nur ein kleiner Teil des Königssees. Nach Süden versperren eine Felswand und die kleine Insel Christlieger den Blick auf den bayerischen Fjord. Wer nicht das Schiff besteigen will, kann auf der Ostseite der Bucht in 15 Min. zum Malerwinkel wandern, um den freien Blick nach Süden zu bekommen - oder sich ein Ruderboot mieten.

Für den Watzmann-Trekker gilt es jedoch nun, am **Ticketschalter** rechts neben den Landestegen die Fahrkarte nach Salet zu erwerben, € 9 (2015) für die einfache Fahrt. „Salet“ und „einfach“ sollte man deutlich betonen, da die meisten Touristen die Karte nach Sankt Bartholomä und zurück kaufen. Mit dem Ticket nach Salet kann man problemlos in Sankt Bartholomä aussteigen und dort ein späteres Boot nach Salet nehmen. Jedes Boot hält auf dem Hin- und dem Rückweg in St. Bartholomä. Eine Reservierung ist nur bei größeren Gruppen erforderlich. Die Boote fahren im Sommer ab 8:00 etwa alle halbe Stunde, bei Bedarf auch öfter. Aktuelle Zeiten und Preise findet man im Internet unter der Adresse: www.seenschifffahrt.de/koenigssee/

Schifffahrt auf dem Königssee

18 Boote zur Personenbeförderung befahren den Königssee. Die meisten davon sind 20 m lang und 3,50 m breit. Eines davon ist etwas kleiner als die anderen und ist das Meisterstück eines Königsseer Bootsbauers. Es wird vor allem für den Transport von kleinen Gruppen und für Sonderfahrten verwendet.

Die großen Boote wiegen 24 Tonnen. Davon wiegen die Batterien 4,5 Tonnen. Sie geben voll aufgeladen für 15 Stunden Energie an den Motor ab und ermöglichen eine Geschwindigkeit von 16 bis 17 km/h. Im Normalbetrieb fahren die Boote mit etwa 12 km/h. Das erste Elektroboot wurde 1909 vom Stapel gelassen - ein zukunftsweisender Antrieb in Zeiten der Dampfschiffe. Der Rumpf wurde bis 1998 aus Holz gebaut, die beiden neuesten Schiffe verfügen über einen Stahlrumpf. Die Kosten pro Boot liegen bei etwa € 500.000.

Die Bootsführer und Bootsbegleiter sind Handwerker unterschiedlicher Gewerke, die vor allem im Winter mit der Pflege und Instandhaltung der Boote in der eigenen Werft, der höchstgelegenen Europas, beschäftigt sind.

Übernachten kann man direkt am Königssee nur im Ort Königssee. An allen anderen Stationen der Seeschifffahrt sollten Sie - falls Sie zwischendurch aus dem Trek aussteigen wollen - pünktlich vor Abfahrt des letzten Bootes angekommen sein. Im Sommer heißt das: 18:10 ab Salet, 18:30 ab Sankt Bartholomä. Andernfalls müssen Sie in einem einfachen Unterstand die Nacht überstehen oder für € 245 (2016) ein Extraboot anrufen. Auf Sankt Bartholomä gibt es dafür eine Telefonzelle im Fischerhaus. In Salet können Sie den Wirt um ein Telefonat bitten.

☺ Wenn Sie sich auf dem Hinweg nach Sankt Bartholomä auf die rechte Seite des Bootes setzen, haben Sie freie Sicht auf die Kapelle, den Watzmann und die Echowand.

Nach Besteigen des Bootes, in dem man meist eng zusammenrücken muss, verlassen Sie zusammen mit Touristen aus aller Herren Länder die Welt der Häuser, Autos und Straßen. Nach Passieren der Insel **Christlieger** befinden Sie sich für die nächsten Tage im Nationalpark Berchtesgaden, und nach dem Umrunden der Kreuzelwand (auf der rechten Seite) wird der Blick frei für die Größe des Sees und für das unglaublich spektakuläre Panorama. Der Bootsbegleiter weist seine Gäste in humorvoller Weise auf die Umgebung hin.

Rechts ragt unmittelbar aus dem See eine steile Felswand in die Höhe und verliert sich weit oben hinter einer Stufe. Dort liegt auf 1.460 m die Kührointalm, eine Übernachtungsmöglichkeit für die Watzmannbesteigung. Von Sankt Bartholomä zieht der Rinnkendlsteig, gesichert mit Leitern und Drahtseilen, durch die fast senkrechte Wand hoch zur Alm.

Ein Kreuz knapp über der Wasserfläche an der senkrechten **Falkensteiner Wand** markiert die Stellen an der 1688 ein Boot mit Pilgern auf dem Weg nach Sankt Bartholomä gesunken ist. Die Pilger ertranken.

Linker Hand stürzt der Wasserfall des Königsbaches über eine Kante und mehrere Stufen 200 m tief in den See. Hier gibt es viele attraktive Badegumpen, 2 bis 5 m tief, die im Sommer gern besucht werden. Etwas weiter südlich befindet sich die Bedarfshaltestelle Kessel. Wer hier aussteigen möchte, um zur Gotzenalm, zum Jenner oder nach Königssee zu wandern, muss sich beim Bootsbegleiter melden. Passagiere, die auf dem Rückweg am Steg abgeholt werden wollen, schieben eine dort befindliche rote Tafel in die Höhe, sobald das Boot in Sicht kommt.

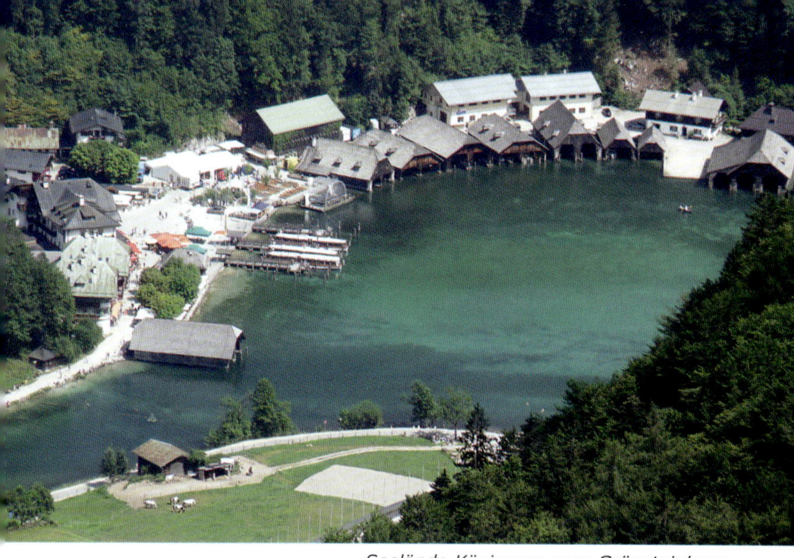

Seelände Königssee vom Grünsteinhaus

Der Blick zurück nach Norden erfasst das Lattengebirge und die „Liegende Hexe“. Von rechts, dem langen Haar, bis links, dem Oberkörper, lässt sich die junge Hexe deutlich erkennen ... und fordert den Bootsbegleiter zu trockenen Kommentaren heraus, von denen die ausländischen Touristen oft leider nicht viel verstehen.

Das Echo am Königssee

Das siebenfache Echo am Königssee ist legendär. Früher wurde von Booten aus mit Böllerpistolen geschossen. Da durch das Schwarzpulver eine erhebliche Brandgefahr bestand, ist man später zur Trompete übergegangen. Auf jeder Tour nach Sankt Bartholomä bläst der Bootsführer oder der Steuermann eine einfache Melodie Richtung Brentenwand, deren Echo wirklich beeindruckend ist. Hier in der Nähe liegt mit fast 200 m die tiefste Stelle des Sees.

Nach und nach nähern Sie sich nach insgesamt 30 Min. Fahrt einem der bekanntesten Fotomotive aus dem Alpenraum, der Kapelle von **Sankt Bartholomä** mit dem Jagdschloss der Wittelsbacher vor der beeindruckenden **Watzmann-Ostwand**.

Die Zeit für einen Zwischenstopp sollten Sie sich nehmen! Ein kleiner Spaziergang auf der Halbinsel, ein Blick in die Wallfahrtskapelle, ein Espresso im schönen Biergarten des Jagdschlosses, ein geräucherter Saibling beim Fischer ... für die auch bei japanischen Touristen beliebte Schweinshaxe und die Maß ist es Ihnen sicher noch zu früh. Schließlich gilt es heute auch noch ein paar Stunden zu wandern.

Der Fischer vom Königssee

Die Fischerei von Sankt Bartholomä und auch das Haus des Fischers neben der Kirche sind etwa 400 Jahre alt. Der Fischer ist der einzige, dem das Fischen im See gestattet ist. Abgesehen von etwa zwei Monaten Winterpause fährt er jeden Abend mit dem Boot hinaus, um die Netze auszulegen. Am Morgen werden sie in der Hoffnung auf einen üppigen Fang wieder eingeholt. Sieben Fischarten leben im See, die beliebtesten Speisefische sind Saibling und Seeforelle. Den größten Teil des Fanges verkauft der Fischer an seinen Nachbarn, den Wirt. Den Rest bietet er selbst als frisch geräucherte Filets den Ausflüglern an.

Den größten im Königssee gefangenen Fisch können Sie - präpariert in einer Vitrine - im Eingangsbereich der Gaststätte besichtigen. 27,5 kg soll die 1,24 m lange Seeforelle beim Fang 1976 gewogen haben. Ihr Alter wurde damals auf 10-12 Jahre geschätzt.

WC: Öffentliche Toiletten befinden sich im Eingangsbereich der Gaststätte.

Ein Kiosk am Bootssteg bietet neben Postkarten, Süßigkeiten und Souvenirs auch Sonnenhüte, Wanderstöcke und ähnliche Utensilien an.

Sankt Bartholomä (☞ 📷 S. 15)

Das Kirchlein Sankt Bartholomä auf der Halbinsel Hirschau wurde schon 1134 als Wallfahrtsort erwähnt. Der Heilige Bartholomäus gilt als Beschützer der Almhirten und Senner. Im 12. Jahrhundert entstanden, wurde die Kapelle im Barock des 17. Jahrhunderts so umgebaut, wie sie heute zu sehen ist. Die beiden roten Zwiebeltürme sind heute weltweit von Fotos bekannt.

An die Kirche angrenzend liegt das 1522 fertiggestellte und später mehrfach umgebaute Jagdschloss. Hier vergnügten sich erst die Berchtesgadener Fürstpröbste und später die königlich bayerischen Wittelsbacher. Im Jagdschloss befindet sich heute die Gaststätte.

Etwas weiter Richtung Watzmann-Ostwand liegt ein Nationalpark-Besucherzentrum mit anschaulichen Präsentationen und Ausstellungen sowie einem interessanten Relief des Watzmannmassivs.

Die Abwässer von Sankt Bartholomä werden durch eine Leitung am Grund des Sees nach Schönau gepumpt und dort der Kläranlage zugeführt.

Winter am Königssee

Im Winter ist der Bootsverkehr auf dem Königssee eingeschränkt. Nur zwei bis drei Boote übernehmen den Personenverkehr. Die anderen werden auf der eigenen Werft gewartet und überholt.

Alle sieben bis zehn Jahre friert der See zu. Dann machen sich Langläufer und Spaziergänger zu Fuß auf nach Sankt Bartholomä. Im Winter 2005/2006 war der See lange zugefroren. Der Schiffsverkehr wurde drei Monate lang eingestellt und das Eis, bis 50 cm dick, war fünf Wochen lang begehbar. Der Wirt von Sankt Bartholomä besorgte seine Waren mit dem Auto und zählte in den fünf Wochen 200.000 Besucher, an einem einzigen Wochenende waren 30.000 Personen auf dem See.

Das Eis wird nur nach genauer Prüfung freigegeben, und nur auf bestimmten Routen, meist nahe der Ostseite, denn die Eisdecke ist aufgrund der Strömungsverhältnisse nicht überall gleich dick.

Dass der gefrorene See seine Tücken hat, zeigt eine Geschichte aus dem Jahr 1964. Mit seinem VW Käfer fuhr ein Mann aus der Umgebung in der Nacht über das Eis nach Sankt Bartholomä. Auf dem Rückweg geriet er zu weit an das Westufer, wo der See kaum gefroren war, und versank in den Tiefen. Das Wrack des Käfers liegt heute noch auf dem Grund des Sees in der Nähe der Falkensteinerwand.

Die ganze Geschichte vom „Schatz im Königssee" erzählt die Internetseite
💻 koenigssee.berchtesgadeninfo.de/berchtesgaden-winter/schatz-im-koenigssee/

Dort ist auch das Video einer U-Boot-Fahrt von 1998 eingebunden, auf dem Sie das Wrack des Käfers betrachten können.

Nach dem Besuch reihen Sie sich in den richtigen Gang zum **Boot nach Salet** ein, zeigen noch mal Ihre Fahrkarte und werden in ca. 20 Min. über den südlichen Teil des Königssees transportiert.

Im Steilhang auf der rechten Seite des Bootes rauscht das Wasser von Schwarzen-, Grün- und Funtensee nach einer langen unterirdischen Fließstrecke über den 80 m hohen Schrainbachfall in den Königssee.

Nach dem Ausstieg an der Haltestelle **Salet** finden Sie nach wenigen Metern in einer Schutzhütte öffentliche Toiletten, die letzten für heute. Hier können Sie im Schatten – oder im Regenschatten – noch mal den Sitz Ihres Rucksackes überprüfen, Sonnencreme auftragen oder Regensachen anziehen, und los geht's auf die erste Trekkingetappe. Der Weg 424 folgt dem Seeufer nach Süden (nach Norden käme man über den Kaunersteig mit Nr. 492 zur Gotzenalm) und erreicht nach 10 Min. die ✗ Gaststätte. Auch in Salet bietet gegenüber der **Gaststätte** ein Kiosk Postkarten, Süßigkeiten, Souvenirs, Sonnenhüte und ähnliche Utensilien an.

Hier wendet sich der Schotterweg nach Südosten. Nach weiteren 10 Min. liegt linker Hand der **Mittersee**, etwa 100 m lang und 50 m breit, den man nur von einer Stelle des Weges aus erkennen kann. Nach noch mal 10 Min. stehen Sie am Ufer des **Obersees**. Der Saletbach durchläuft, vom Obersee kommend, den Mittersee, um dann weiter in den Königssee zu münden.

Der Obersee ist gut 1,3 km lang, knapp 500 m breit und in der Mitte 51 m tief. Die Wasserfläche liegt auf ⇧ 613 m. Der See ist spektakulär eingeklemmt zwischen über 1.000 m hohen Felswänden.

Obersee

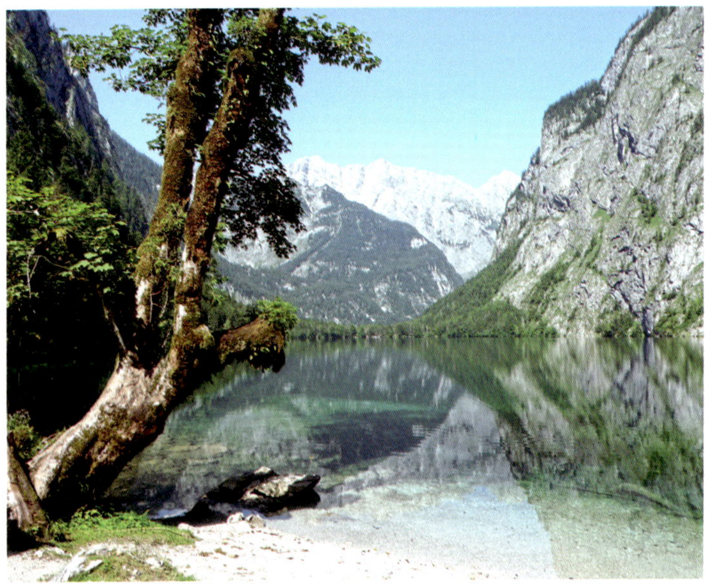

Wer eine Kamera dabeihat, wird am Obersee sicher einige romantische Fotos schießen, bevor der Weg sich am Ufer nach rechts wendet, um dann zwischen See und Walchhüttenwand der Fischunkelalm zuzustreben.

Auf das GPS-Gerät ist hier kein Verlass, zu hoch ragen die Felswände auf und zu klein ist das verbleibende Stück vom Himmel, um genügend Satellitensignale einzufangen. Verlaufen kann man sich trotzdem nicht.

Am Südostende ist der Obersee flacher. Sie erreichen die letzte schöne **Badestelle** vor der Wasseralm. Dort weist ein Schild den Weg Nummer 424 zur Wasseralm über den Röthsteig (rechts hoch). Der Pfad führt über Almwiesen und durch Waldstücke zum Talende, das man nach insgesamt etwa 1 Std. 15 Min. ab Bootssteg erreicht.

Alternativ könnten Sie dem Ufer noch etwas weiter folgen, in der rechts oberhalb liegenden **Fischunkelalm** einkehren und von dort im spitzen Winkel den Weg wieder erreichen.

Kühe auf Booten

Die Sommerweiden rund um den Obersee sind typische Almen, obwohl sie nicht oder kaum höher liegen als die dorfnahen Winterweiden. Hier wird das Vieh nicht hinaufgetrieben, sondern schon seit Jahrhunderten nach der Schneeschmelze mit dem Boot über den Königssee gefahren, wie heute auch die Touristen. Im Herbst beim „Almabtrieb" fährt das Rindvieh, genauso schön geschmückt wie die Verwandten auf den Hochalmen, auf demselben Weg wieder zurück zum Dorf Königssee. Das steile Gelände rund um den Obersee macht diesen für das Vieh auf anderen Wegen fast unerreichbar.

Am Talende erreichen Sie ein meist trockenes Bachbett. Hier, auf drei Seiten eingekreist von steilen Felswänden, sehen Sie in Gehrichtung geschaut rechts oben den **Röthbachfall**, den höchsten Wasserfall Deutschlands. Je nach Regenmenge der letzten Wochen fällt hier ein schmales Rinnsal oder ein tosender Wasserschwall Richtung Talboden ... wo er spurlos versickert. Erst im Obersee tritt das Wasser wieder zu Tage. Es stammt aus dem Gebiet der Wasseralm, Ihrem heutigen Tagesziel.

Auch wenn nichts gegen einen Abstecher nach halb rechts zum Fuße des Falles spricht, geht der Weg zur Wasseralm geradeaus weiter, markiert durch einen Holzpfahl. Die Gabelung ist etwas unscheinbar, aber am Waldrand voraus steht schon der nächste gelbe Wegweiser.

In den Wald eintauchend gewinnt der Wanderer sofort an Höhe. Bei sonnigem Wetter ist man für den Schatten meist dankbar, da sich im Tal oft die Hitze staut. Es wird immer steiler, in Serpentinen windet sich der Trail aufwärts. Noch laufen die beiden Routen zur Wasseralm, der Röthsteig 424 und der Landtalsteig 491, auf demselben Pfad. Hat man nach mehreren Steilanstiegen die 940 m Höhenlinie erreicht, etwa 340 hm ab Königssee, muss man sich entscheiden.

Der **Röthsteig** ist der kürzere, aber etwas anspruchsvollere Steig, was die Kletterstellen angeht. Hier können Sie schon mal testen, wie Sie mit den leichten Kraxeleien klarkommen, die der Watzmanntrek zu bieten hat. Viel Wald und die Exposition nach Nordwesten machen den Weg besonders bei sehr heißem Wetter zur ersten Wahl. Sie erreichen die Wasseralm nach etwa 4 Std. ab Königssee.

Für den Röthsteig steigen Sie an einer etwas unscheinbaren Gabelung in einem steilen Lawinenstrich (940 hm) nach rechts. Hier hängt wieder ein Wegweiser, der aber erst sehr spät zu erkennen ist. Nun wechseln steile Hänge, Serpentinen, Wald- und Felsgelände. Immer wieder tauchen fantastische Aussichten über die Seen auf, und einige steile Felsstufen, mit Drahtseilen versichert, erfordern Konzentration, Schwindelfreiheit und Trittsicherheit.

Auf etwa 1.200 hm erreichen Sie die **letzte Steilstufe**. Die Wand, die den Weg blockiert, sieht zuerst unüberwindlich aus, doch an ihrem linken Ende steigen Sie durch einen Kamin steil, aber relativ bequem auf. Danach liegt rechts vom Weg eine Stelle, von der aus man den Ursprung des Röthbachfalles sehen kann. Dies ist auch ein guter Platz für eine **Rast**, da Sie nun die steilen Stellen hinter sich haben.

Anschließend windet sich der Pfad sanfter durch Felsen und Wald, bis Sie kurz vor der Wasseralm eine Wiese erreichen. Hier können Sie oft Murmeltiere beobachten. Etwas weiter steht die erste Hütte. Von hier nach links abbiegend fällt der Pfad sanft ab zur einfachen Alpenvereinshütte **Wasseralm**, die schon in Sicht ist. Links unterhalb erkennen Sie den Teich, der bei gutem Wasserstand ein hervorragendes Bad anbietet. Auch die Alternative, eine Dusche am Wasserfall, können Sie rechts voraus im Wald erkennen, falls genug Wasser vom Berg kommt. In Trockenzeiten bleibt nur der Brunnen an der Hütte.

Variante

Über den längeren Weg 491 (**Landtalsteig**) und später 416 braucht man etwa 1 Stunde mehr. Dafür bekommt man eine noch etwas schönere Aussicht über den Obersee, eine noch etwas zauberhaftere Waldstrecke, aber etwas weniger Kletter-Abenteuer.

Von der Gabelung auf 940 m folgen Sie dazu dem Weg 491 weiter bergauf. Nach einigen steileren Stellen, die etwas Kraxelei erfordern, gelangen Sie im Wald an eine weitere Gabelung. Links ginge es über Weg 416, den Landtalsteig, ins Hagengebirge und zur Gotzenalm. Sie aber nehmen den Weg nach rechts (auch Nummer 416) der Sie in stetigem Auf und Ab wunderschön durch einen Zauberwald zur **Wasseralm** führt.

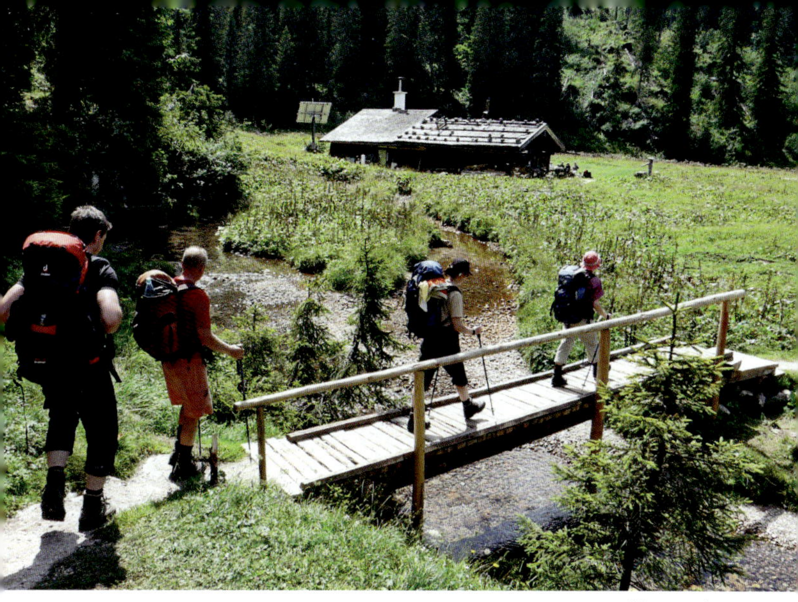

Wasseralm

Wasseralm ⇧ 1.416 m

UTM 33T 0349855 5262077

Geografisch N 47°29.693´ E 013°00.389´

Hüttenwirte: Monika und Horst Schellmoser, ☏ 00 49(0)86 52/601 99 02 (Hütte), ☏ 00 49(0)86 52/98 58 02 (Tal), monikabgl@web.de (Reservierungen nur telefonisch!), www.dav-berchtesgaden.de, Betreiber: Sektion Berchtesgaden des Deutschen Alpenvereins, Watzmannstraße 4, 83483 Bischofswiesen. Schlafplätze Zimmerlager: 0, Schlafplätze Matratzenlager: ca. 60, Ende Mai bis Anfang Oktober einfach bewirtschaftet, sonst offen für Selbstversorger

Bis 2015 gab es nur einen Brunnen vor der Hütte, die Toilette war ein Plumpsklo. Der Bau von Toiletten, einem Waschraum (keine Dusche) und einer biologischen Kläranlage erfolgte im Sommer 2015. Das Holzhaus steht etwas oberhalb der beiden anderen Hütten.

Vorher wusch man sich ausschließlich am Bach oder nutzte die Bademöglichkeit in nahe gelegenen kleinen Badegumpen (wenn genug Wasser darin war).

Viele Wanderer füllen ihre Flaschen am Brunnen (kein geprüftes Trinkwasser), andere kaufen Wasser beim Hüttenpersonal.

Trotz der einfachen Ausstattung ist diese Hütte einer der schönsten Übernachtungsplätze der Tour. Die Atmosphäre ist sehr persönlich mit einem sehr freundlichen Hütten-Team. Die Hütte liegt auf einer offenen ehemaligen Almfläche zwischen Bergen und Wald, in der Nähe gibt es viele Murmeltiere und nachts kommen oft Gämsen und Hirsche auf die Wiesen bei der Hütte.

Murmeltier

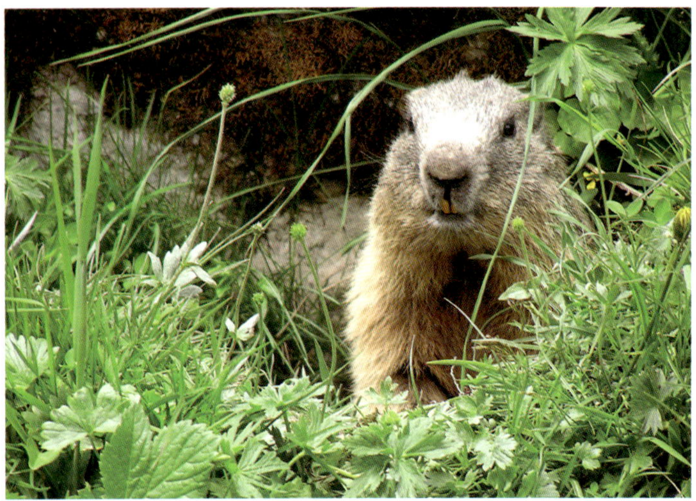

☺ Im September zur Hirschbrunft können Sie hier ein außergewöhnliches Spektakel erleben, wenn nachts unmittelbar bei der Hütte die Hirsche ihr röhrendes Schauspiel aufführen.

Nach der Ankunft auf der Wasseralm sollten Sie gleich den Hüttenwirt oder die Wirtin ansprechen, Ihr Lager beziehen und das Abendessen und Frühstück bestellen. Traditionell gibt es zum Abendessen, meist so gegen 18:00, täglich einen sehr leckeren Gemüse-Eintopf, wahlweise mit oder ohne Wiener Würstel und Brot. Wenn der Eintopf fertig ist, rufen die Köche in die Runde und blitzschnell bildet sich eine (kurze) Schlange an der Ausgabestelle in der alten Brennhütte. Das Frühstück gibt es auf der Wasseralm ab 6:30. Die Ausgabe von Frühstück und Getränken erfolgt seit 2015 an der Theke des mittleren, jüngeren Gebäudes. Zum Frühstück haben Sie die Auswahl zwischen dem Wurst/Käse-Frühstück, dem reinen Käse-Frühstück, süßem Frühstück mit Honig und Marmelade oder Müsli-Frühstück mit Obstsalat, Milch und Joghurt.

Bezahlt wird abends oder morgens an der Theke im mittleren Haus. Dort wird anhand des Bierdeckels (auf dem abends die Getränke notiert werden) mit jedem Gast abgerechnet. Die DAV-Schlafmarken gelten als Quittung für die Übernachtungskosten, aber auch als Beleg für die in den Übernachtungspreis eingeschlossene Gepäckversicherung.

Wenn Sie ein Lunchpaket oder Picknick für tagsüber mitnehmen möchten, bestellen Sie das bei Ihrer Ankunft mit dem Frühstück gleich mit. Sie zahlen dafür € 6 (2015).

Die Wasseralm

Die Wasseralm in der Röth, so heißt das idyllische Hochtal, wird per Hubschrauber versorgt und war bis 1998 eine reine Selbstversorgerhütte. In einigen Karten ist sie auch immer noch so eingezeichnet. Da die Hütte klein ist, kann es an manchen Tagen schon mal voll werden! Aus diesem Grund sind Mehrfachübernachtungen nicht immer gestattet und Reservierungen dringend empfohlen.

1794: Erste schriftliche Erwähnung. Die Wasseralm ist sehr abgelegen, das Vieh wird über Priesberg, Seeleinsee und Landtal in zwei Tagen bis hierher getrieben.

um **1850:** In der Röth werden jährlich etwa 700 Raummeter Salinenholz als Kurzholz geschlagen. Nach dem Trocknen werden die Rundlinge bergab zur „Hütte im Wald“ gebracht und über die Felswand Richtung Fischunkelalm 400 m tief hinuntergeworfen. Die Verlustrate war hoch. Nur 80 % der Stämme konnten nach dem Sturz über die Felsen noch in den Berchtesgadener Salinen genutzt werden.

1934: Die Röth wird unter dem Einfluss von Hermann Göring zum „Naturschutzgebiet besonderer Ordnung“, er hatte hier seine Jagdhütte, war aber fast nie vor Ort.

1939: Die Röth und ihre Umgebung werden „Wildschutzgebiet“.

1950: Aus den Resten der abgerissenen Jagdhütte entsteht ein Anbau an das Almgebäude.

1956: Wird die Wasseralm das letzte Mal beweidet.

↳ Großes Teufelshorn (⇧ 2.361 m)

⧗ *hin und zurück 5 Std.,* ↑ *950 m,* ↓ *950 m,* ➲ *8 km*

Besonders wenn Sie heute, wie in der zweitägigen Alternativroute beschrieben, über die Gotzenalm gekommen sind und sich noch nicht ausgelastet fühlen, ist das Große Teufelshorn ein lohnendes Ziel. Trittsicherheit, Schwindelfreiheit und Kondition für 950 hm sind dazu erforderlich. Für alle anderen ist auch ein gut halbstündiger Teilanstieg bis zum Teufelshornblick und Törlblick (⇧ 1.580 m) ein lohnender Nachmittagsspaziergang.

Das Große Teufelshorn ist der höchste Gipfel des Hagengebirges und wird, weil sehr abgelegen, nicht oft bestiegen. Vom Gipfelkreuz bietet es einen großartigen Rundblick, unter anderem zum Hochkönig, zum Watzmann und ins Tennengebirge. Beim Aufstieg sind oft Steinböcke zu sehen.

Um zum Großen Teufelshorn zu gelangen, gehen Sie von der Wasseralm nach Osten zum Bach, über die Brücke und dann nach rechts (Südosten). Diesem Weg folgen Sie und bleiben bei der Gabelung auf 1.475 m geradeaus (Abzweig nach links ignorieren). Bei der nächsten Gabelung (⇧ 1.650 m) links abbiegen. Auf einem steilen, sehr schmalen Pfad mit einigen leichten Kletterstellen steigen Sie auf zum Großen Teufelshorn (2.361 m).

Kurzwanderung zur Blauen Lacke

Eine weitere Möglichkeit für die Nachmittagswanderung ist ein Aufstieg zur Blauen Lacke. Details finden Sie bei der Beschreibung der Alternativroute zum Kärlingerhaus.

☺ Meist gibt es auf der Wasseralm und auf den anderen Hütten einen Leporello-Prospekt mit dem Titel „Von Hütte zu Hütte - Das Steinerne Meer". Dieser enthält die wichtigsten Daten der Hütten, viele Strecken mit Gehzeiten und eine Übersichtskarte. Auch eine gute Panoramakarte der Region namens „Berghütten und Almen", herausgegeben von den Hüttenwirten, ist oft kostenlos zu bekommen.

Etappe 1a (Alternative): Königssee - Gotzenalm. Gotzenalm - Wasseralm (2 Tage)

⌛ 4 Std. 30 Min. - 5 Std., ↑ 1.100 m, ↓ 120 m,
➲ 11 km (Dorf Königssee - Gotzenalm), ⇧ 605-1.700 m

Dorf Königssee	⇧ 610 m	WC
Königsbachalm	⇧ 1.191 m	⌛ 2 Std. ab Königssee
Priesbergalm	⇧ 1.455 m	⌛ 1 Std. ab Königsbachalm
Gotzenalm	⇧ 1.685 m	⌛ 2 Std. ab Priesbergalm

Die Alternative mit Anstieg über die Gotzenalm bietet sich an, wenn Sie noch einen Tag länger unterwegs sein möchten. Auf dieser Route gelangen Sie in zwei Wandertagen zur Wasseralm, die Sie sonst mit der Boot-Wander-Kombination in einem Tag erreichen.

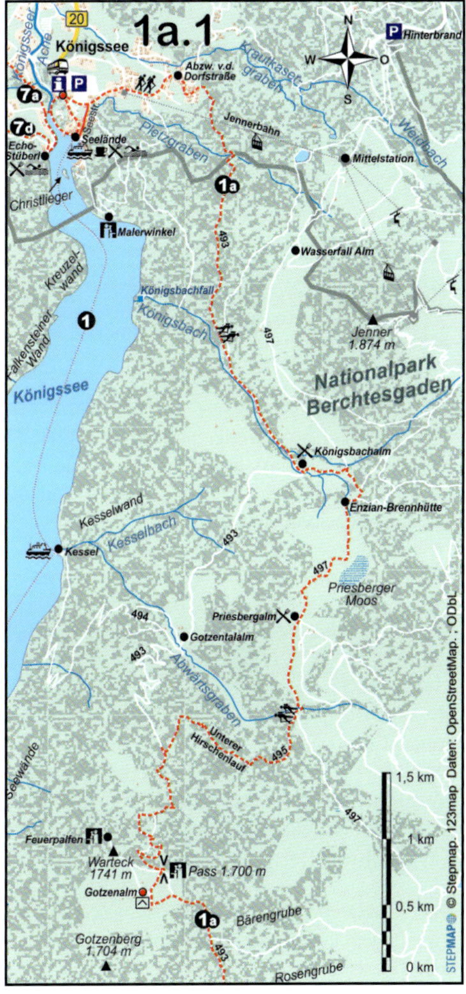

Je nach Aufstiegsvariante gehen Sie ab Dorf Königssee zu Fuß, oder nutzen als Transfer zum Wanderstart die Jennerseilbahn oder ein Boot der Königsseeflotte. Als Standard-Aufstieg beschreiben wir hier die Wanderroute vom Parkplatz Königssee zur Gotzenalm. Schöne Einkehrmöglichkeiten versüßen die Wegstrecke und mehrere Varianten dosieren den Spannungsgrad des ersten Tages.

Vom **Parkplatz Königssee** wenden Sie sich nach Osten zur Talstation der **Jennerbahn**. Die ausgeschilderte Wegnummer 493 begleitet den ersten Teil der Route. Diese führt Sie zuerst an der Talstation der Seilbahn vorbei über **Dorfstraßen** aufwärts. 🖐 Nach gut 1 km zweigt der beschilderte Weg 493 rechts von der Dorfstraße ab, passiert ein paar Wohnhäuser und wird bald zum **Waldweg**.

Stetig durch den Wald auf breitem Weg Richtung Süden und Südosten steigend gewinnen Sie an Höhe. Ab und zu öffnet sich der Wald für schöne Ausblicke auf den See. Gehen Sie langsam und gleichmäßig, denn die Route zur Gotzenalm zieht sich!

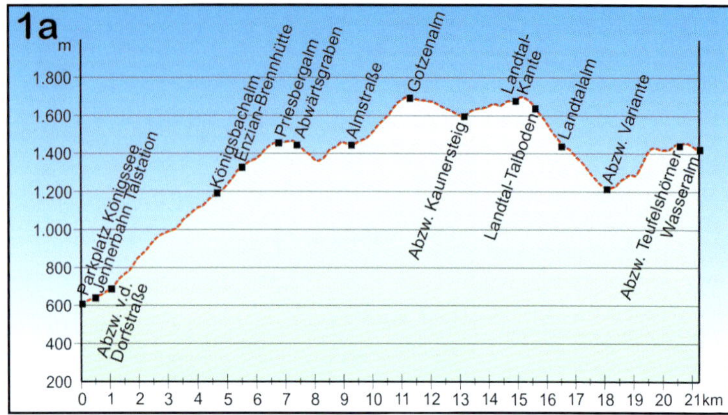

Ungefähr 1 Std. 45 Min. nach dem Start, etwa bei der 1.070-Meter-Höhenlinie, kommt von links hinten die Forststraße heran, der Sie geradeaus (immer noch Weg 493) nach Südosten folgen. 1 km und 130 Höhenmeter weiter liegt die **Königsbachalm** (⇧ 1.191 m).

✕ Auch wenn es für eine zünftige Jause vielleicht noch etwas früh ist, können Sie hier für ein Getränk oder eine Zwischenmahlzeit einkehren. An einer kleinen Durchreiche auf der linken Seite der Hütte bekommen Sie Ihre Stärkung. ☎ 00 49(0)86 52/55 51

Während der Pause müssen Sie dann entscheiden, ob Sie es im weiteren Wegverlauf gern abenteuerlich oder bequem haben wollen. Bei trockenem Wetter empfiehlt sich der Weg über die Priesbergalm und den Unteren Hirschenlauf. Die Aussichten sind hier beeindruckender und der Weg ist spannender. Bei Nässe jedoch geht es sich angenehmer und weniger matschig auf der Almstraße oder Weg 493.

↳ Letztere gehen beide gut beschildert von der Königsbachalm nach Westen weg, um dann nach Süden umzubiegen. Pfad und Schotterstraße treffen sich bei der Gotzentalalm (nicht zu verwechseln mit der Gotzenalm), um von dort als wenig spannende Almstraße weiter zur Gotzenalm zu führen.

Zur interessanteren Route über die Priesbergalm verlassen Sie die **Königsbachalm** entlang des Königsbaches nach Osten aufwärts durch den Wald. Nach weniger als 500 m, bei der **Höhenlinie 1.253 m**, treffen Sie auf den Weg Nummer 497, dem Sie nach rechts (Süden) aufwärts folgen. Wenige 100 m weiter kommt von links der Weg 498 vom Jenner heran, den Sie ignorieren. Sie folgen weiter der 497, passieren eine meist geschlossene **Enzian-Brennhütte** (⇧ 1.330 m) und das **Priesberger Moos**, bis Sie 1.200 m hinter der Brennhütte an der **Priesbergalm** (⇧ 1.455 m) ankommen.

Enzian-Brennhütte

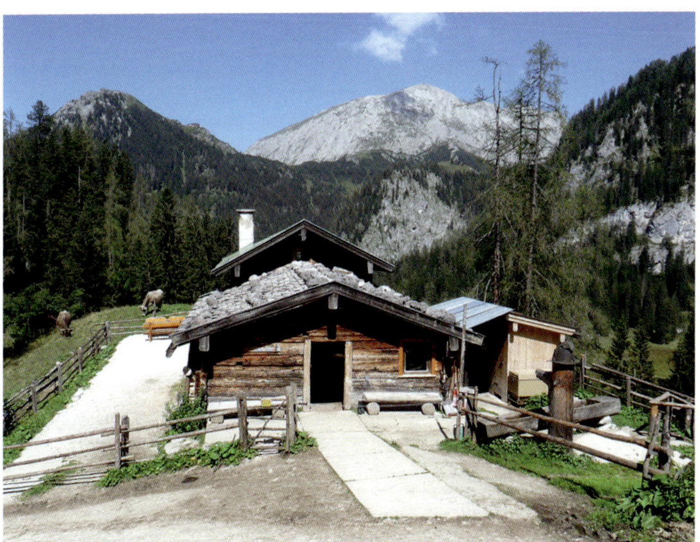

✕ Einfache Brotzeiten und Getränke bekommt der Wanderer hier. Die Priesbergalm ist nur im Hochsommer bewirtschaftet. Die ersten und die letzten Wochen des Almsommers verbringt das Almvieh auf der niedriger gelegenen Königsbachalm.

Im weiteren Verlauf des Weges überqueren Sie etwa 750 m hinter der Priesbergalm eine kleine Bachkerbe, den **Abwärtsgraben** (⇧ 1.453 m). Dahinter gabelt sich der Weg. Sie folgen rechts dem Pfad 495 über den **Unteren Hirschenlauf**. Dieser führt - schon etwas anspruchsvoller für die Trittsicherheit und nach Regen matschig - durch einen steilen bewaldeten Hang ohne große Höhenunterschiede auf eine **Lichtung** (schön zum Rasten). Kurz danach und von der Lichtung aus schon zu sehen treffen Sie auf die bereits bekannte **Almstraße** (⇧ 1.440 m), der Sie nach links (Süden) folgen.

Mangels Alternativen heißt es jetzt, die letzte Wanderstunde auf der Schotterstraße zu verbringen. Diese windet sich allerdings steil nach oben und überwindet 250 hm, bevor der Pass (⇧ 1.700 m) erreicht ist. Dort können Sie die Aussicht entspannt genießen. Zur **Gotzenalm-Hütte** (⇧ 1.685 m), die südwestlich zu Ihren Füßen liegt, fehlen nur noch 10 Min. bequem bergab.

Gotzenalm ⇧ 1.685 m

UTM 33 T 349210 5266814

Geografisch N 47°32.234´ E 012°59.783´

Hüttenwirt: Rudi Klecker, Kochsternfeldstr. 22, 83471 Berchtesgaden, ☏ 00 49(0)86 52/69 09 00 (Hütte), 00 49(0)86 52/628 12 (Tal/Nebensaison), Not-Telefon bei Leitungsstörung: ☏ 00 49/176/89 63 86 42 (kein SMS-Empfang!), FAX 00 49(0)86 52/97 91 15 (Hütte), (Mails werden nicht abgerufen), www.gotzenalm.de, Betreiber: Rudi Klecker, Gebirgsjägerstraße 57, 83483 Bischofswiesen. Schlafplätze Zimmerlager: 15, Schlafplätze Matratzenlager: 65, einfache Waschräume, keine Duschen. Das Wasser in den Waschräumen ist i. d. R. trinkbar, ggf. beim Wirt rückversichern! von Pfingsten bis Mitte Oktober. Die Lager werden meist erst ab 17:00 vergeben. Speisen und Getränke holen sich die Gäste an der Theke, das Frühstück wird teilweise als Buffet aufgebaut.

Alternative Aufstiege:

Von der **Bedarfshaltestelle Kessel** zur Gotzenalm (⌛ ca. 4 Std.):
Mit dem Boot zur Haltestelle Kessel, dann über ehemaligen Reitsteig aus Hofjagdzeiten hinauf zur Gotzentalalm. Vor allem, wenn es sehr heiß ist, ist dieser Weg zu empfehlen, da man hauptsächlich im Wald wandert. Von der Gotzentalalm geht es dann auf der Almstraße weiter zur Gotzenalm.

Von der **Jenner-Mittelstation** zur Gotzenalm (⌛ ca. 4 Std.):
Vom Großparkplatz Königssee können Sie mit der Seilbahn bis zur Mittelstation hinauffahren. Von dort wandern Sie an den Jennerwiesen entlang zur Königsbachalm. Die schönste Fortsetzung verläuft dann über den Hirschenlauf (s. o.) zur Gotzenalm, bei schlechtem Wetter oder matschigen Böden wandern Sie aber besser auf der Almstraße zur Gotzenalm.

Alternativ könnten Sie auch mit dem Auto zum **Parkplatz Hinterbrand** (in der Nähe der Mittelstation) anreisen. Das wäre aber nur sinnvoll, wenn Sie dorthin gebracht würden, die Abholung des eigenen Fahrzeuges wird sonst nach dem Trek etwas kompliziert.

Von Salet über den **Kaunersteig** zur Gotzenalm (⌛ ca. 3-4 Std.):
Salet erreichen Sie wie bei der Normalroute beschrieben. Von hier geht es durch Bergwald zuerst steil über 800 Stufen hinauf zur Regenalm. Die Aussichten sind hervorragend, der Weg ist sehr schön. Von der Regenalm wandert man dann leicht hinüber zur Gotzenalm.

Gotzenalm

Die Gotzenalm liegt sehr idyllisch auf grünen Wiesen vor den beeindruckenden Panoramen des Steinernen Meeres und der Bergketten von Hagengebirge, Hochkönig und Watzmann. Besonders schön ist es auf der Alm spätnachmittags und abends bei sonnigem Wetter. Sie können auf der Terrasse trinken und speisen und dabei den wunderbaren Ausblick auf den Hochkönig genießen. Diesen erkennen Sie eindeutig an dem auf seinem Gipfel stehenden Matras-Haus, einer beliebten Alpenvereinshütte. Unterhalb des Gipfels liegen die Reste eines Gletschers auf der „übergossenen Alm".

Tagsüber ist die Gotzenalm ein beliebtes Ziel für Mountainbiker. Die meisten Radler fahren abends wieder Richtung Berchtesgaden zurück.

Hochkönig mit Matrashaus von der Gotzenalm

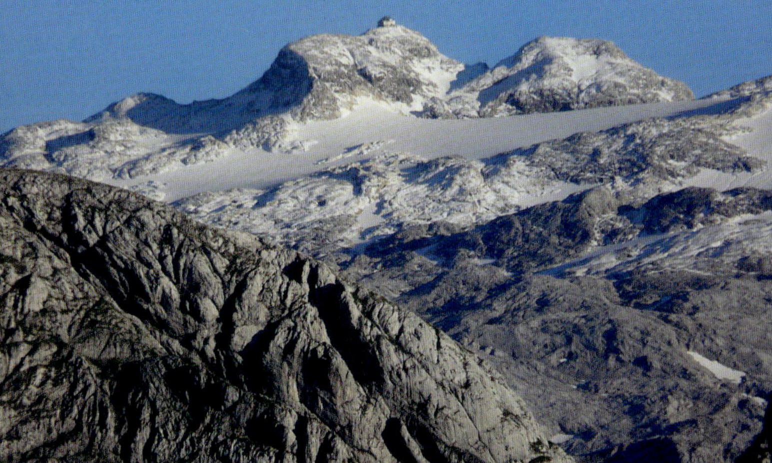

Die Alm wird traditionell bewirtschaftet. Es grasen hier im Sommer etwa 120 Stück Vieh auf den Weiden.

↬ Spaziergang zur Aussichtskanzel Feuerpalfen

Nordwestlich der Gotzenalm liegt ein schöner Aussichtspunkt. Ein Spaziergang über Almweiden bringt Sie in 20 Min. zum 60 m höher liegenden Feuerpalfen (⇧ 1.741 m, Palfen = Felsen).

Der Weg beginnt von der Terrasse Richtung Watzmann gehend rechter Hand, am Wäscheständer der Hütte. Der Fußpfad ist nicht zu verfehlen. Nach Erreichen des Höhenrückens halten Sie sich auf diesem nach links. Vom Kamm aus können Sie, vielleicht mit Hilfe einer Karte, die Route der beiden nächsten Tage erahnen. Dahinter sehen Sie das Steinerne Meer und den Hochkönig.

Bald geht der Pfad ein paar Meter bergab und endet in einer Kanzel. Direkt gegenüber, zum Greifen nahe, liegt die Watzmann-Ostwand. Um Sankt Bartholomä zu sehen, müssen Sie sich vor dem grandiosen Bild schon fast verbeugen. Nur 1.500 m entfernt, aber 1.140 hm tiefer winken die Zwiebeltürme der berühmten Kirche zwischen grünen Wiesen und dem türkis-blauen Königssee.

☺ Besuchen Sie den Feuerpalfen morgens. Da der weitere Weg zur Wasseralm nicht lang ist, haben Sie genügend Zeit. Morgens ist der Watzmann von der Sonne beleuchtet und nicht nur Fotografen werden vom Morgenlicht auf der Ostwand begeistert sein!

Fortsetzung Etappe 1a (Alternative): Gotzenalm - Wasseralm

⌛ *3 Std. 30 Min., ↓ 500 m, ↑ 300 m, ⮎ 10 km, ⇧ 1.215-1.700 m*

Gotzenalm	⇧ 1.685 m	✕ 🛏
Wasseralm	⇧ 1.420 m	✕ 🏊 🛏 ↬ ⌛ knapp 4 Std. ab Gotzenalm

Heute erwartet Sie eine der schönsten Wanderungen durch den „Zauberwald" des Nationalparks. Die knorrigen Lärchen, die im Frühjahr zart hellgrün, im Sommer kräftig dunkelgrün und im Herbst leuchtend gelb den Wald färben, prägen zusammen mit den fahlen, zerklüfteten Kalkfelsen das Landschaftsbild. Zwischendurch warten verfallene Almen und neugierige Murmeltiere auf die Fotografen.

Es wird ein relativ kurzer Wandertag, den Sie leicht mit einem Spaziergang zum Feuerpalfen (s. o.) oder einer Bergtour zu den Teufelshörnern verlängern können.

Am Wegweiser bei der **Gotzenalm** wenden Sie sich nach Süden. Weg 493 windet sich zuerst auf Schotter oder Traktorspuren über die Alm, um dann in eine malerische Fels-Wald-Kulisse einzutauchen.

Landschaftsnamen wie **Bärengrube** und **Rosengrube** weisen auf Dolinen und Erdfälle hin. Diese Mulden entstehen, wenn die Dächer der hier im Kalkstein häufigen Höhlen einstürzen und an der Oberfläche große rundliche Hohlformen zurücklassen.

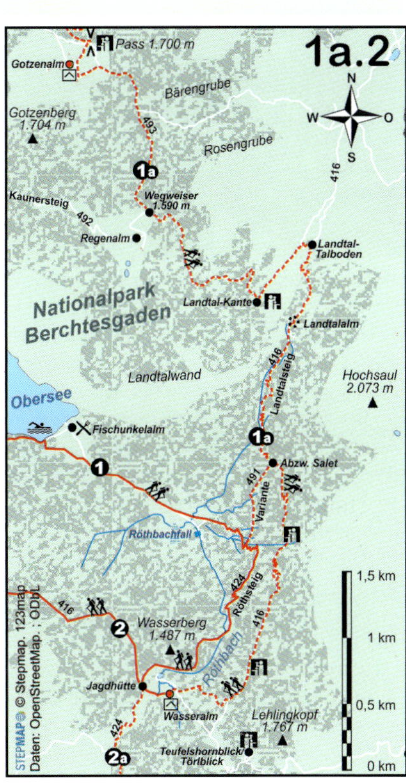

Fast 2 km nach der Gotzenalm treffen Sie auf einen weiteren **Wegweiser** (⇧ 1.590 m). Nach rechts zweigt ein Weg (Kaunersteig, Wegnummer 492) über die Regenalm nach Salet am Königssee ab. Dieser kann auch als alternativer Anstieg für die Gotzenalm genutzt werden (s. o.). Sie folgen jedoch nach links Richtung Südost aufwärts dem Pfad 493. Er leitet Sie durch märchenhaften **Lärchenwald**, bis Sie hinter einer Linkskurve unvermittelt am Rande des tief eingeschnittenen **Landtales** stehen.

Hier wendet sich der Pfad nach Nordosten. Der Weg verlässt den Wald und die Aussicht ist großartig. Im steilen Hang des Landtales ist etwas Vorsicht und Schwindelfreiheit geboten. Sie wandern abwärts in das Tal hinein, bis Sie den **Talboden** und den quer verlaufenden Weg 416 bei ⇧ 1.630 m Höhe erreichen. Hier biegt Ihr Pfad an einem Wegweiser nach Süden talauswärts (Nr. 416), durchzieht große Felsblöcke, die von Bergstürzen stammen, und bleibt am Talboden.

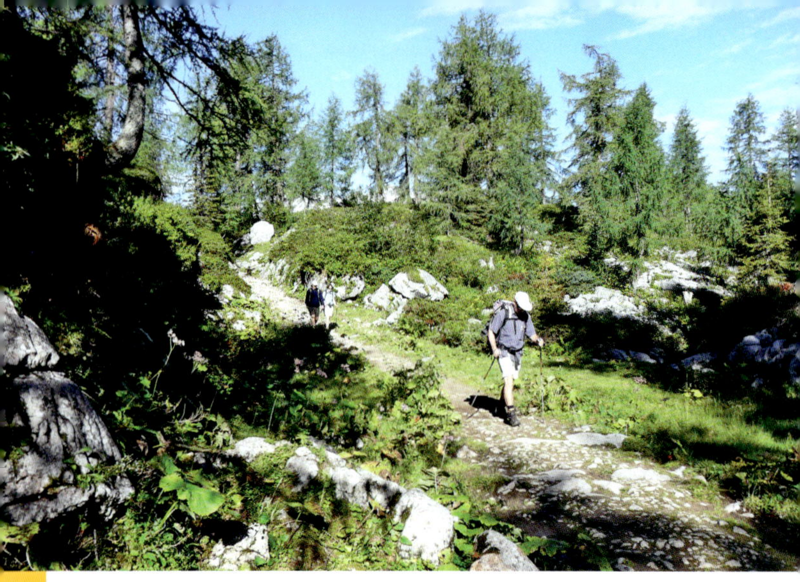

Auf dem Weg von der Gotzenalm zur Wasseralm

Auf den Wiesen der verlassenen **Landtalalm** (⇧ 1.441 m) wird die Landschaft wieder lieblicher. Ein munteres Gewässer, der Landtalbach, begleitet Sie ein Stück des Weges.

Bei ⇧ 1.215 m Höhe, schon länger wieder im Wald, erwartet Sie eine **Abzweigung** mit Wegweiser. Auch hier geht es rechts nach Salet am Königssee (Weg 491) und auch hier steigen Sie links aufwärts.

Zuerst noch im Wald wird das Gelände nach und nach offener und steiler. Es folgt eine Passage in der steilen **Lablwand**, die teilweise mit Drahtseilen gesichert ist. Hier warten wirklich einmalige Ausblicke auf Sie.

Aus der steilen Wand schauen Sie nach Nordwesten über die Fischunkelalm und den Obersee hinweg auf den Königssee. Dahinter erhebt sich aus dem tief eingeschnittenen Fjord das mächtige Watzmannmassiv. Diesen bombastischen Ausblick haben Sie den Gletschern der Eiszeit zu verdanken. Diese schoben sich aus dem hinter Ihnen im Südosten liegenden Hagengebirge die Wand hinab, in der Sie gerade stehen. Das Eis schürfte den vor Ihnen liegenden Fjord aus und wurde von der massiven Barriere des Watzmann nach Norden umgelenkt. Nach Abschmelzen der Gletscher entstand ein großer See. Erst durch einen mächtigen Bergsturz wurde der dann in zwei Teile getrennt, die heute Obersee und Königssee heißen.

Genießen Sie die Ausblicke, die mit jedem Schritt noch etwas schöner werden, aber achten Sie auf den teilweise sehr schmalen und ausgesetzten Pfad. Ein Absturz hätte hier wahrscheinlich tödliche Folgen!

Nach dieser in jeder Hinsicht spannenden Passage zieht sich der Weg wieder in den Wald. Nach vielen Kurven, vielen Lärchen, vielen Felsen und viel Auf und Ab folgt die nächste **Gabelung** (⇧ 1.455 m).

Links steigt der Pfad zu den Teufelshörnern auf (die Besteigung ist bei den Informationen zur Wasseralm beschrieben). Nach rechts sind es nur noch gut 500 m bis zum **Röthbach**, der die **Wasseralm** (⇧ 1.416 m) durchfließt. Von hier haben Sie einen malerischen Blick auf die Hütte mit dem Bach davor und den Funtenseetauern (⇧ 2.578 m) dahinter.

Etappe 2:
Wasseralm – Kärlingerhaus (Funtensee)

5 Std., ↑ 500 / ↓ 300 m, 11 km, ⇧ 1.415-1.750 m

Wasseralm	⇧ 1.420 m	
Halsköpfl	⇧ 1.720 m	1 Std. 30 Min. ab Wasseralm
Schwarzensee	⇧ 1.568 m	30 Min. ab Halsköpfl
Grünsee	⇧ 1.475 m	1 Std. ab Schwarzensee
Kärlingerhaus	⇧ 1.630 m	2 Std. ab Grünsee

Die Route führt heute durch zauberhaften Märchenwald, durch skurrile Felslandschaften, an romantischen Seen vorbei und auf eine eindrucksvolle Aussichtskanzel mit Blick auf Sankt Bartholomä und den Königssee.

Bei Nässe ist auf den hölzernen Leitern und Brücken Vorsicht geboten, das Holz wird sehr glitschig!

Von der **Wasseralm** führt der Weg Richtung Westen, zuerst auf die schon sichtbare **Jagdhütte** zu. An der dortigen Kreuzung gibt es drei abzweigende Wege. Der nach rechts (Nordost) führt hinunter zum Obersee (über diesen Weg mit der Nummer 424 sind Sie möglicherweise gestern aufgestiegen). Der Weg nach links (Südwesten, Wegnummer 424) führt in 6 Std. durch die Lange Gasse, über Niederbrunnsulzen und den Stuhlgraben zum Funtensee. Er ist anstrengender und wird als Alternativroute weiter unten beschrieben.

Der Weg mit der **Nummer 416** führt geradeaus über das Halsköpfl und entlang an Schwarzsee und Grünsee zum Funtensee und zum Kärlingerhaus. Dazu verläuft er den ganzen Tag im stetigen Auf und Ab, anfangs meist durch wunderschönen Lärchenwald, später auch durch offenes, felsiges Gelände. Bei Nässe braucht man besonders auf dieser Etappe Trittsicherheit und Konzentration. Dann ist der Kalkstein seifig und rutschig, und die lehmigen Stellen, Baumwurzeln und Holzstufen sogar noch glatter. Kommt aber die Sonne heraus, trocknen vor allem die Felsen schnell wieder ab.

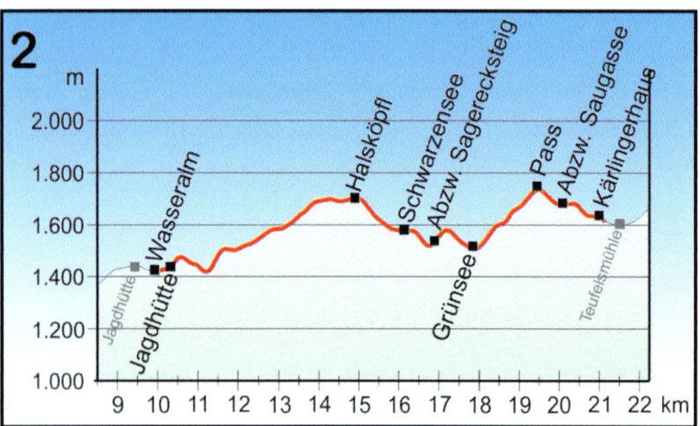

Schon ab der ersten Kreuzung an der Jagdhütte begleitet Sie rechts unsichtbar die Steilwand, die zum Obersee und später zum Königssee abfällt. Linker Hand ragen die Gipfel der Funtenseetauern bis 2.600 m hoch auf. Dies ahnt der Wanderer aber erst im Bereich der aufgelassenen **Walchenhüttenalm**, wo das Gelände etwas flacher wird und der Blick etwas mehr Raum bekommt.

Hier finden sich auch Flächen, die aussehen, als hätten Riesen Mikado gespielt. Vor allem der Sturm Kyrill im Jahr 2007 hat die geschwächten Fichten großflächig entwurzelt. Gemäß der Philosophie des Nationalparks bleiben die Bäume liegen und mit den Jahren hat sich in ihrem Schutz eine neue, gesunde und für den Wanderer spannende Vegetation entwickelt.

Nach knapp 2 Std. erreichen Sie die **Abzweigung zum Halsköpfl**. Während Sie später dem Weg nach links unten folgen, sollten Sie die 10-15 Min. geradeaus zum ↳ **Halsköpfl** (⇧ 1.719 m) unbedingt aufsteigen. Der Punkt bietet sich mit einer Bank nicht nur zur Rast an, es gibt von hier auch eine fantastische Aussicht - und Handyempfang.

Im Nordwesten ragt das Watzmannmassiv in den Himmel, im Norden, 1.100 m unter dem Halsköpfl, liegt wie ein Spielzeugland der Königssee mit der Wallfahrtskirche Sankt Bartholomä und der Haltestelle Salet. Deutlich sind die Ausflugsboote zu erkennen, die kreuz und quer über den See fahren - vorausge-

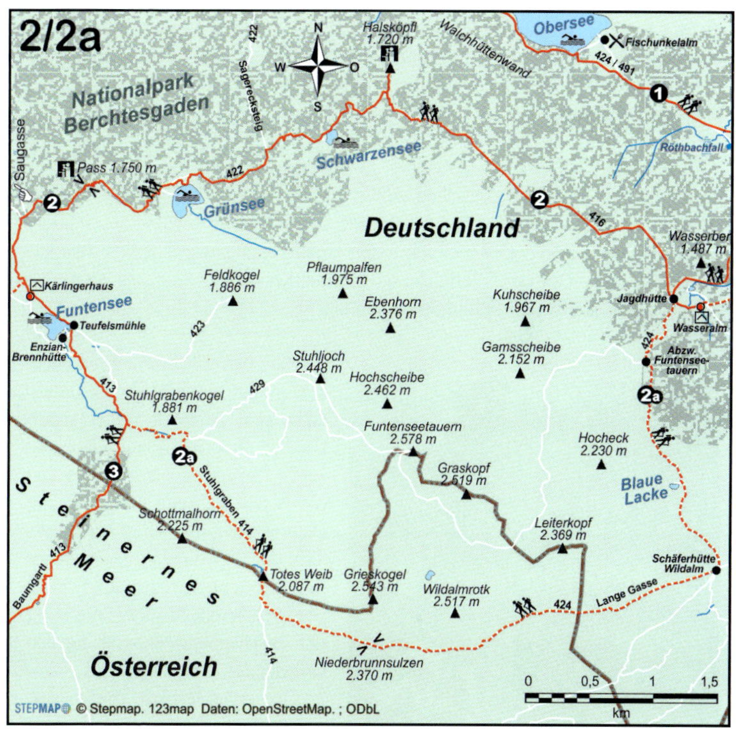

setzt, es ist nicht nebelig. Aber auch bei Nebel ist der Blick einmalig. Dann sehen die tief eingeschnittenen Fjorde von Obersee und Königssee aus, als hätte Frau Holle sie mit Daunen abgedeckt.

Im Nordosten liegt auf einer grünen Hochfläche die Gotzenalm, die Hütte ist gut zu erkennen. Dahinter erheben sich der markante Jenner mit der Bergstation der Seilbahn, der mächtige Hohe Göll und der Schneibstein. Sehr markant wirken am rechten Ende des Blickfeldes die Teufelshörner.

☺ Bis Ende August sind am Halsköpfl viele Türkenbundlilien zu finden.

In 5 Min. geht es zurück zur **Abzweigung**, und dann nach rechts ab (erst Westen, dann biegt der Weg nach Südwesten). Überwiegend absteigend erreichen Sie bald den **Schwarzensee** oder, z. B. in der DAV-Karte so genannt, den

Schwarzsee (⇧ 1.568 m). Je nach Wasserstand des Sees passiert man ihn auf einem schmalen Pfad trockenen Fußes, oder man kraxelt über Felsen und Stege oberhalb der Wasserfläche an ihm entlang. Am Ende des Sees kann man gut auf Steinplatten rasten.

Der Schwarzensee hat – typisch für die von wasserlöslichem Kalkstein geprägte Gegend - keinen oberirdischen Abfluss, aber an zwei Stellen hört man es gluckern und rauschen. Hier melden sich die unterirdischen Abflüsse des Schwarzensees. Das spaltenreiche und von vielen Höhlen durchzogene Kalkgestein leitet das Wasser unter der Oberfläche in Richtung Königssee, wo es als Wasserfall wieder zu Tage tritt und sich in den See stürzt.

Schwarzensee

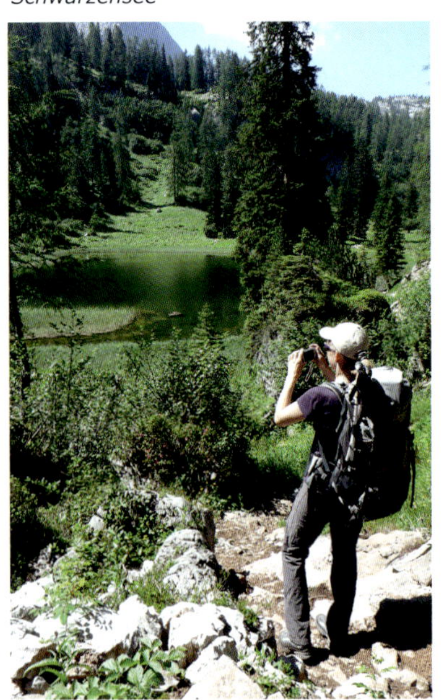

Hinter dem Schwarzensee überqueren Sie einen kleinen Rücken, dann geht es noch weiter durch Wald hinunter zu einer **Gabelung** auf ⇧ 1.525 m. Hier kommt von rechts aus Richtung Königssee der Sagerecksteig (Nr. 422). Nach links führt der Weg nun mit der **Nummer 422** bezeichnet weiter, überwindet einen steileren Anstieg und senkt sich anschließend hinunter auf den **Grünsee** (⇧ 1.474 m) zu.

Der Wanderpfad zieht sich nordwestlich des Grünsees oberhalb der Uferlinie vorbei. Für eine Rast bietet sich aber der kurze **Abstieg zum See** an. Diesen Trampelpfad finden Sie – mit etwas Aufmerksamkeit – an einer Stelle links des Weges, an der man den See schon fast passiert hat. Bei gutem Wetter lädt ein schmaler Strand zum Baden ein, wenn das Wasser auch nur selten angenehme Temperaturen erreicht.

Hinter dem Grünsee steigt der Pfad wieder steiler an. Unterbrochen von flacheren Passagen bilden diese fast 280 hm die letzte große Anstrengung vor dem Funtensee.

Bei ca. ⇧ 1.750 m Höhe ist der **Pass** erreicht. Sanfter absteigend, als der Aufstieg erwarten ließ, erreichen Sie erneut eine **Weggabelung**. Von rechts kommt der Weg Nr. 410 vom Königssee durch die berühmte Saugasse heran, nach links sind es nur noch 15 Min. leichter Abstieg zum **Kärlingerhaus**.

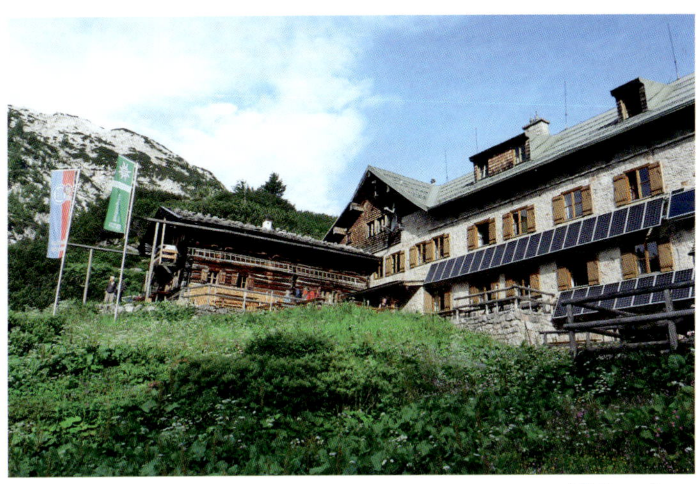

Kärlingerhaus

Kärlingerhaus ⇧ 1.638 m

UTM: 33T 0344627 5262290

Geografisch: N 47°29.728´ E 012°56.228´

Hüttenwirte: Gabi und Sigi Hinterbrandner, Vorderettenberg 14, 83487 Marktschellenberg, ☎ 00 49(0)86 52/609 10 10 (Hütte), info@kaerlingerhaus.de, www.kaerlingerhaus.de, Betreiber: Sektion Berchtesgaden des Deutschen Alpenvereins, Watzmannstraße 4, 83483 Bischofswiesen. Schlafplätze Zimmerlager: 40, Schlafplätze Matratzenlager: 170, Waschräume mit je einer Dusche für Mann und Frau. (Münzbetrieb, € 3 für 3 Min. heißes Wasser. Kalt duschen ist ohne Aufpreis möglich. Nach Münzeinwurf läuft die Zeit, also am besten schon vorher entkleiden. Allerdings muss man noch mal auf den Flur, dort hängen die Münzgeräte.) Trinkwasser: aus den Hähnen im Waschraum. Schuh- und Trockenraum im Erdgeschoss ggü. den Duschen, Ende Mai bis Mitte Oktober sowie zwei Wochen um Ostern, Winterraum vorhanden, Schlafplätze: 20, offen. Die Lager- und Bettenvergabe erfolgt an der großen Durchreiche zur Küche. Links neben der Durchreiche finden Sie den Wetterbericht. Gegenüber hängen die Speisenangebote aus.

 Im Kärlingerhaus gibt es Postkarten mit Porto.

Direkte Aufstiege:
Von **Sankt Bartholomä** (⇧ 600 m) über die Saugasse, ⌛ 4 Std.
Von **Salet** über den Sagerecksteig und den Grünsee, ⌛ 4 Std. 30 Min.
Von der **Wimbachgrieshütte** (⇧ 1.327 m) über den Pass Trischübl und das Hundstodgatterl (⇧ 2.188 m), ⌛ 6 Std.

☺ Wenn Sie so etwas noch nicht kennen, probieren Sie auf dem Kärlingerhaus einen Germknödel! Das ist genau das Richtige, wenn es zum Mittagessen schon zu spät, aber zum Abendessen noch viel zu früh ist. Außerdem gibt es hier regelmäßig leckeren selbstgebackenen Kuchen.

Pinzgauer Wallfahrt

Die Almer oder Pinzgauer Wallfahrt findet immer am Samstag nach dem 24. August, dem Fest des Heiligen Bartholomäus, statt. Von Maria Alm im österreichischen Pinzgau brechen die Wallfahrer noch in der Nacht zum Riemannhaus auf, wo morgens früh eine Bergmesse zelebriert wird. Anschließend wandern um die 2.000 Bergwallfahrer durch das Steinerne Meer zum Riemannhaus und weiter durch die Saugasse nach St. Bartholomä.

Die Wallfahrt entstand um 1635 infolge der Pestepidemie im Pinzgau. Ursprünglich war die Marienkirche in Bad Dürrnberg das Ziel, aber wenig später schon verkürzte sich die Route und endet jetzt an der Zwiebelturmkirche in St. Bartholomä.

Zu den Wallfahrten werden Bustransfers zwischen den Parkplätzen am Königssee und Maria Alm angeboten. Die genauen Modalitäten erfährt man bei den Tourist-Informationen.

Enzian-Brennhütte

Unten am Funtensee steht eine Brennhütte der Enzianbrennerei Grassl, in deren Umgebung noch von Hand Enzianwurzeln gegraben und auf der Alm zu Gebirgsenzian gebrannt werden.

Da keine Straße zu dieser höchstgelegenen Brennhütte der Firma Grassl führt, ist der Aufwand zur Enzianherstellung sehr hoch. In unregelmäßigen Abständen wird hier alle 5 bis 7 Jahre gebrannt. Der Enzian wurde früher mit Tragtieren, heute mit dem Helikopter ins Tal gebracht.

Nähere Informationen zur Enzianbrennerei am Funtensee finden Sie unter 💻 www.grassl.com/de/herstellung-auf-den-brennhuetten/

↳ Feldkogel (⇧ 1.886 m)

⌛ 1 Std. 30 Min. - 2 Std., ↑ 300 m, ↓ 300 m, ➲ 4 km

Leichte Nachmittagswanderung, hervorragende Aussicht bis auf den Königssee.

Vom **Kärlingerhaus** wenden Sie sich nach Südosten, gehen am **Funtensee** vorbei und biegen direkt hinter der **Teufelsmühle**, dem unterirdischen Abfluss des Sees, nach links oben (Südosten) ab. Nun stetig steigend erreichen Sie auf dem leichten und gut zu findenden Weg 423 den Gipfel des **Feldkogel**.Der **Abstieg** erfolgt auf derselben Route. Bei passendem Wetter können Sie noch ein Bad im **Funtensee** nehmen, der im Sommer nicht so kalt ist, wie sein Ruf glauben lässt.

↳ Viehkogel (⇧ 2.158 m)

⌛ 3 Std., ↑ 550 m, ↓ 550 m, ➲ 5 km

Schöner umfassender Rundblick, leicht zu besteigen.

Gehen Sie vom Eingang aus um das **Kärlingerhaus** herum nach Norden, an der **Gabelung** kurz hinter dem Haus dann links (zuerst Südwest, dann West) Richtung Ingolstädter Haus (Weg 412). 130 hm weiter, bei ⇧ **1.765 m**, zweigt nach links der beschilderte Aufstieg zum Viehkogel ab, wendet sich nach Süden und erreicht ein Hochtal (⇧ 1.900 m), das **Viehkogeltal**. An einer weiteren **Gabelung** links haltend steigt der Weg nun zuerst Richtung Südosten an, um bei 2.020 m nach Nordosten zum **Viehkogel** abzubiegen. Der **Abstieg** erfolgt auf demselben Weg.

☺ Auch das Einbinden des Viehkogels in den Weg zum Riemannhaus ist leicht möglich, wenn Sie die Variante über das Zirbenmarterl wählen. Etwas kürzer wäre der Weg durch das Viehkogeltal, der jedoch spärlich markiert und schwerer zu finden ist.

↳ Funtenseetauern (⇧ 2.578 m)

⌛ 6-7 Std., ↑ 950 m, ↓ 950 m, ➲ 8 km

Lohnender Aussichtsberg mit weitem Rundblick und besonders schönen Ausblicken Richtung Königssee und Schönfeldspitze. Der Aufstieg ist jedoch lang, sparsam markiert, steil und teilweise ausgesetzt. Eine knackige Bergtour!

Aufgrund der Länge der Strecke bietet es sich an, eine weitere Nacht auf dem Kärlingerhaus zu bleiben oder die nächste Etappe abzukürzen.Wenn Sie sich mit dem Stuhljoch begnügen, sparen Sie 2 Std. Gehzeit, vermeiden die schwierigsten Stellen und können trotzdem tolle Aussichten genießen.

Vom **Kärlingerhaus** wenden Sie sich nach Südosten am **Funtensee** vorbei. Die Abzweigung nach links zum Feldkogel ignorierend behalten Sie Richtung und Wegnummer (**413**) bis zu einer **Abzweigung** auf ⇧ 1.721 m bei. Hier links nach Osten abbiegen. Der Pfad, jetzt mit der Nummer **429** versehen, wird steil.

Auf ⇧ 1.880 m stoßen Sie auf eine weitere **Gabelung**, wieder geht es links ab (Weg **429**) und auf das Stuhljoch zu. Nach 2 Std. Gehzeit ab Kärlingerhaus haben Sie das **Stuhljoch** (⇧ 2.448 m) erreicht.

1 Wegstunde südöstlich liegt nun der **Funtenseetauern**. Absolute Trittsicherheit und Schwindelfreiheit sind für die Überquerung des Grates zum Gipfel erforderlich.

Der **Abstieg** erfolgt überwiegend auf demselben Weg, rechnen Sie dafür 3 Std.

Westlich unterhalb des Stuhljochs auf ⇧ 2.220 m zweigt eine Variante nach Süden ab, schwingt im großen Bogen um einige Felsköpfe herum und trifft bei ⇧ 1.900 m wieder auf die Aufstiegsroute. Diese Schleife verlängert die Strecke um 1 km, ist aber weniger steil.

☺ Auch eine **Überschreitung des Funtenseetauern** von der Wasseralm zum Kärlingerhaus ist möglich. Der Anstieg ist aber nur spärlich, teilweise mit Steinmännchen markiert und nur mit gutem Orientierungsvermögen zu finden. Außerdem stellt die Route hohe Anforderungen an Kondition, Trittsicherheit, Schwindelfreiheit und Erfahrung in alpinem Gelände. ⌛ um die 8 Std., ↑ 1.200 m, ↓ 1.100 m, ➲ 10 km.

↳ Schottmalhorn

Auf das Schottmalhorn führt keine markierte Steiganlage. Der Gipfel ist nur über Kletterrouten ab II. erreichbar.

Baden im kältesten See Deutschlands?

Der Funtensee gilt als der Ort mit den kältesten gemessenen Temperaturen in Deutschland. Würden Sie hier baden wollen? Im Sommer ist das gar kein Problem, obwohl ein Bergsee natürlich weit weg von karibischen Temperaturen liegt. Aber bei sonnigem Wetter wärmt sich das Wasser der flachen Schüssel oft so weit auf, dass es den verschwitzten Wanderer in die Fluten lockt.

Im Winter jedoch führt ein besonderer Effekt dazu, dass sich bekannte Fernseh-Meteorologen hier gern vor der Kamera präsentieren. Der Funtensee liegt in einer schüsselartigen Vertiefung, die keinen Ausgang hat. Die kalte Luft, die schwerer ist als wärmere Luftmassen und damit nach unten sinkt, kann aus dieser Schüssel nicht abfließen. Deshalb werden hier im Winter Rekordtemperaturen

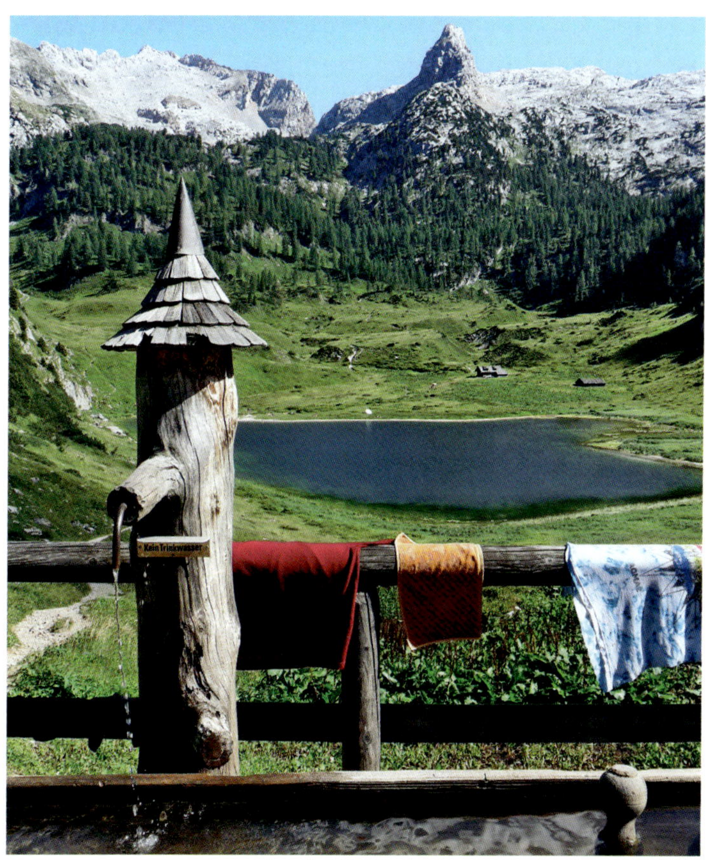

Funtensee und Schottmalhorn

gemessen, Weihnachten 2001 waren das -45,9° C. Schon wenige Meter weiter oben, am Kärlingerhaus, ist es dann oft wesentlich wärmer.

Müsste dann der Funtensee nicht irgendwann überlaufen? Nein, denn das Wasser des Sees fließt unterirdisch ab. Dort, wo der Weg am See die tiefste Stelle erreicht, hört man es unterirdisch rauschen und tosen. Durch diese „Teufelsmühle" fließt Wasser aus dem Funtensee durch Höhlen- und Spaltensysteme und über einen Wasserfall dem Königssee zu.

Etappe 2a (Alternative): Von der Wasseralm über Blaue Lacke und Totes Weib zum Kärlingerhaus

6 Std., ↑ 1.000 m, ↓ 770 m, 10 km, ⇧ 1.415-2.370 m

Wasseralm	⇧ 1.420 m	
Niederbrunnsulzen-Pass	⇧ 2.370 m	4 Std. ab Wasseralm
Kärlingerhaus	⇧ 1.630 m	2 Std. ab Niederbrunnsulzen

Eine etwas größere Herausforderung als die oben beschriebene Route über das Halsköpfl ist die Variante südlich des Funtenseetauern. Im frühen Sommer kann dort noch viel Schnee liegen. Die Landschaft ist insgesamt alpiner, man verpasst aber die Aussichten auf den Königssee und die idyllischen Gewässer Schwarzensee und Grünsee.

Für diese Route brauchen Sie einen guten Orientierungssinn und Erfahrung mit Karte, Kompass und ggf. GPS. Der Pfad ist nicht immer leicht zu finden!

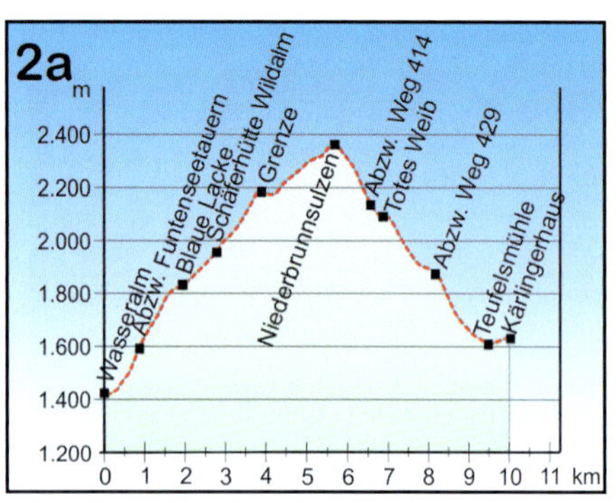

Von der **Wasseralm** starten Sie zunächst - wie bei der anderen Route - auch nach Westen. Nach knapp 250 m, an der **Jagdhütte**, wenden Sie sich dann aber nach links (beschildert, **Weg 424**). Vor Ihnen liegen nun fast 1.000 hm stetiger Anstieg, daher sollten Sie Ihre Kraft gut einteilen!

Nach 200 hm gabelt sich der Pfad (⇧ 1.620 m). Rechts führt der Weg auf den Funtenseetauern, aber Sie halten sich **links** (Weg 424).

Weitere 220 hm Richtung Süd-Südost, dann liegt die **Blaue Lacke** (auch Blaue Lache, ⇧ 1.816 m), ein kleiner alpiner See, rechts unter Ihnen.

Die nächste **Gabelung** folgt dann bei Höhenmeter ⇧ 1.955 an der **Schäferhütte Wildalm** (nicht bewirtschaftet). Hier verlassen Sie die Südostrichtungen und wenden sich nach rechts, ungefähr Richtung West-Südwest. Die Wegnummer **424** begleitet Sie. Nach 4 Std. (ab Wasseralm) sollten Sie bei ⇧ 2.370 m Höhe den **Pass Niederbrunnsulzen** erreicht haben.

Von nun an geht's bergab! Nach 1 km halten Sie sich an der **Gabelung** (⇧ 2.115 m) rechts (Norden, ab hier **Wegnummer 414**), passieren 200 m weiter das „**Tote Weib**" (⇧ 2.087 m) und gelangen in den **Stuhlgraben**. Diesem folgen Sie nach Nordwesten und stoßen bei ⇧ 1.880 m auf den querenden **Weg Nr. 429**, der von rechts vom Stuhljoch herabkommt, um Sie nach links Richtung Funtensee zu führen.

Bei ⇧ 1.721 m wechselt an einer Gabelung noch einmal die **Wegnummer auf 413**, die Richtung (rechts, Nordwesten) ist aber eindeutig zu erkennen. 1.000 m weiter stehen Sie am **Funtensee**, den Sie links liegen lassen. Noch einmal 300 m weiter leicht ansteigend liegt die einladende Terrasse des **Kärlingerhauses** (⇧ 1.638 m).

Etappe 3: Vom Kärlingerhaus über das Riemannhaus zum Ingolstädter Haus

⌛ 6-7 Std., ↑ 650 m, ↓ 150 m, ➲ 15 km, ⇧ 1.630-2.300 m

Kärlingerhaus	⇧ 1.630 m	
Riemannhaus	⇧ 2.177 m	⌛ 3 Std. ab Kärlingerhaus
Wegscheid Praterstern	⇧ 2.150 m	⌛ 1 Std. 30 Min. ab Riemannhaus
Ingolstädter Haus	⇧ 2.120 m	⌛ 1 Std. 30 Min. ab Wegscheid Praterstern

Diese Etappe führt Sie von der lieblichen Landschaft um den Funtensee über die deutsch-österreichische Grenze in das wilde Steinerne Meer. Dort ziehen sich die Pfade mit viel Auf und Ab über ein felsiges Hochplateau.

Um vom Kärlingerhaus zum Ingolstädter Haus zu gelangen, gibt es mehrere Möglichkeiten. Sehr empfehlenswert ist die Route über das Riemannhaus und den Eichstätter Weg. Der Wechsel der Landschaftsbilder und die Durchquerung des Steinernen Meeres ist hier besonders eindrucksvoll.

☺ *Außerdem können Sie mittags auf der aussichtsreichen Terrasse des Riemannhauses einen hervorragenden Kaiserschmarrn zu sich nehmen ... oder dort eine weitere Übernachtung einschieben. Lohnenswerte Bergbesteigungen füllen dann den Nachmittag. Alternative Routen zum Ingolstädter Haus werden weiter unten beschrieben.*

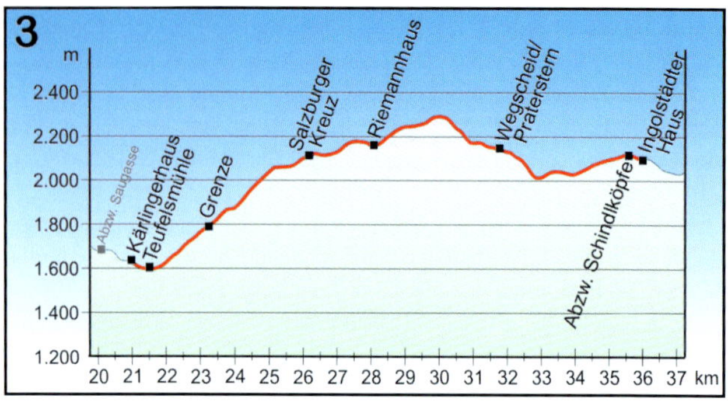

Das Steinerne Meer

Seite 17

Das Steinerne Meer ist eine beeindruckende Karstlandschaft. Das Wort Karst bedeutet, dass die Erosionsformen der Landschaft überwiegend durch Lösung entstanden sind. Die aus Kalk, Salz, Gips, Magnesium und anderen löslichen Mineralien bestehenden Sedimentgesteine werden vom Regenwasser zersetzt und bilden so ihre typischen Formen. Schroffe Felsnadeln, tiefe Löcher und Höhlen, weite Becken, Schuttkegel und steile Wände gestalten die Szenerie.

Der Untergrund des Steinernen Meeres ist alles andere als kompakt. Bisher sind etwa 800 größere Höhlen im Gebiet bekannt, die vielen kleinen Löcher und Spalten nicht mitgerechnet. Für den Wanderer bedeutet das ein ständiges Auf und Ab in dem zerklüfteten Gebiet.

Von erhöhten Standpunkten sehen Sie eine weite Fläche, in der sich Rücken und Täler oft wie Wellen im Ozean abzeichnen. Gleichzeitig erinnert die Kargheit weiter Teile des Steinernen Meeres an Wüstenlandschaften.

Besondere Vorsicht ist im Steinernen Meer bei Nebel geboten! Durch die labyrinthische Landschaft mit wenigen eindeutigen Landmarken kann man leicht die Orientierung verlieren. Dazu kommt, dass die Wegspur sich auf felsigem Gelände oft verliert und der Wanderer auf die Markierungen angewiesen ist. Lobenswerterweise sind diese meist ziemlich eng gesetzt.

Im Frühsommer kommt hinzu, dass sich gerade im Steinernen Meer größere Schneefelder bis in den Sommer hinein halten. In der Regel können Sie hier einfach den Spuren anderer Bergsteiger folgen. Da diese (die Spuren und die Bergsteiger) am Ende des Schneefeldes aber nicht immer unbedingt genau auf dem Weg ankommen, ist hier besondere Aufmerksamkeit erforderlich!

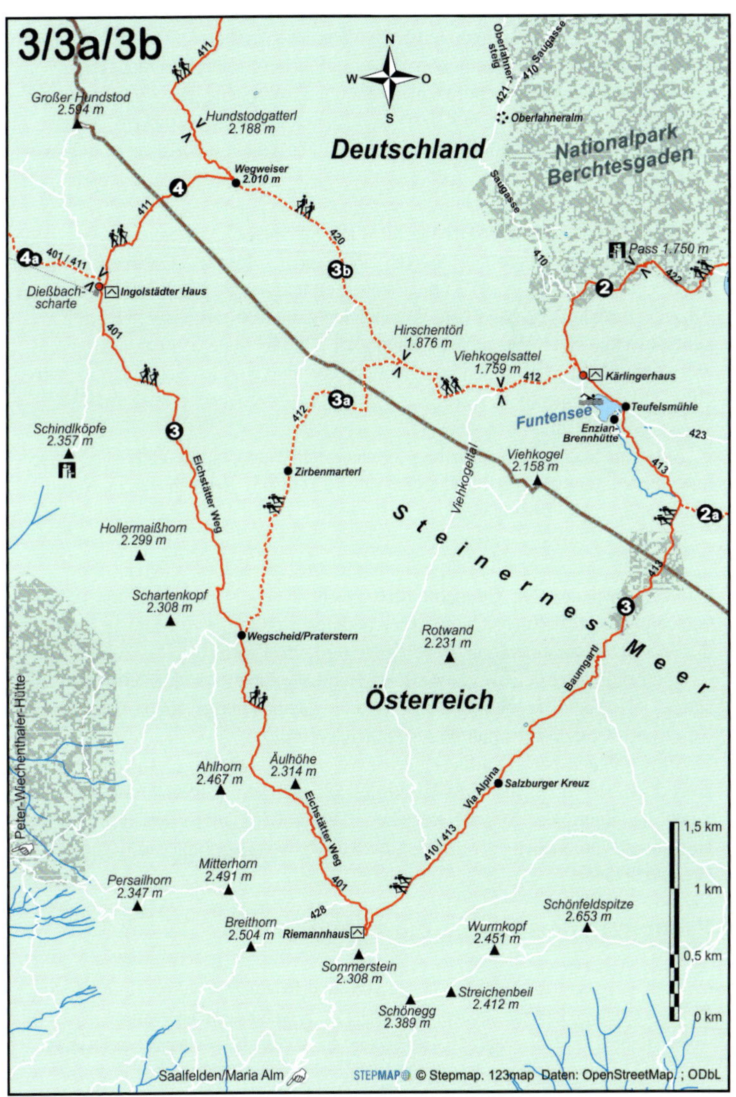
3/3a/3b
Großer Hundstod 2.594 m
Hundstodgatterl 2.188 m
Wegweiser 2.010 m
Deutschland
Oberlahnersteig
Saugasse
Oberlahneralm
Nationalpark Berchtesgaden
Pass 1.750 m
Dießbachscharte
Ingolstädter Haus
Hirschentörl 1.876 m
Viehkogelsattel 1.759 m
Kärlingerhaus
Teufelsmühle
Funtensee
Enzian-Brennhütte
Schindlköpfe 2.357 m
Zirbenmarterl
Viehkogeltal
Viehkogel 2.158 m
Eichstätter Weg
Steinernes Meer
Hollermaißhorn 2.299 m
Schartenkopf 2.308 m
Wegscheid/Praterstern
Rotwand 2.231 m
Baumgartl
Österreich
Peter-Wiechenthaler-Hütte
Ahlhorn 2.467 m
Äulhöhe 2.314 m
Salzburger Kreuz
Via Alpina
Mitterhorn 2.491 m
Persailhorn 2.347 m
Breithorn 2.504 m
Riemannhaus
Sommerstein 2.308 m
Wurmkopf 2.451 m
Schönfeldspitze 2.653 m
Streichenbeil 2.412 m
Schönegg 2.389 m
1,5 km
1 km
0,5 km
0 km
Saalfelden/Maria Alm
STEPMAP © Stepmap. 123map Daten: OpenStreetMap ; ODbL

Das Frühstück im Kärlingerhaus bekommen Sie zwischen 6:00 und 8:00. Falls Sie am Vorabend eine Frühstücksmarke gekauft haben, sollten Sie diese nicht vergessen. An der vom Abendessen bekannten Durchreiche zur Küche wird die Grundausstattung ausgegeben. Weitere Bestandteile wie Müsli, Wurst, Käse etc. finden sich linker Hand auf einem Buffet. Das Nachholen von Kaffee ist begrenzt möglich.

Sie verlassen das **Kärlingerhaus** Richtung **Funtensee**, passieren den See und die **Teufelsmühle**, halten sich auf der unmittelbar folgenden **Gabel** rechts und steigen auf dem **Weg Nr. 413** über Almwiesen und lichten Lärchenwald auf. Den Abzweig nach links (⇧ 1.721 m, Weg Nr. 429) zum Funtenseetauern ignorierend geht es weiter durch das liebliche **Baumgartl** (☞ 📷 Seite 29) Die fast unsichtbare **Grenze zu Österreich** macht sich nur durch eine kleine Grenzmarke (⇧ 1.788 m) bemerkbar.

Mit dem Staatenwechsel haben Sie auch den Nationalpark verlassen. Daher begegnen Sie im österreichischen Teil des Treks häufig Schafen, die im Sommer das Steinerne Meer bewohnen.

Mit zunehmender Höhe wird es immer felsiger, der liebliche Teil des Weges ist bald verschwunden. Das **Steinerne Meer** macht seinem Namen alle Ehre. Wie ein Seemann im Ozean fühlt sich hier der Wanderer. So weit das Auge reicht nur Fels, der wie die Meeresbrandung Wellenberge und –täler formt.

Die Route folgt den Wegen **410, 413 und Via Alpina**, die hier identisch verlaufen. Als Wegmarke dient links des Pfades das **Salzburger Kreuz**. Hier haben Sie etwa 2/3 des Weges zum Riemannhaus geschafft.

Dieses taucht nach 3 Std. Gehzeit ganz unvermittelt auf. Das **Alpenvereinshaus** duckt sich unter die steile Wand des Sommersteins, als wollte es den Blick durch die Ramseider Scharte freigeben. Dieser Blick geht nach unten in die Umgebung von Saalfelden oder weit am Horizont bis zur Tauernkette und dem Groß Venediger.

Riemann-Haus ⇧ 2.177 m

UTM: 33T 0342806, 5258170

Geografisch: N 47°27.481´ E 012°54.864´

✉ Hüttenwirt: Manfred Gruber jun., Pfaffing 22, 5760 Saalfelden, Österreich, ☏ 00 43 (0)65 82/733 00 (Hütte), 00 43(0)664/357 52 84 (Tal), ✉ riemannhaus@aon.at, 💻 www.riemannhaus.de. Betreiber: Sektion Ingolstadt des Deutschen Alpenvereins, Franz Mayr, Ludwigstr. 4, 85049 Ingolstadt. Schlafplätze Zimmerlager: 20, Schlafplät-

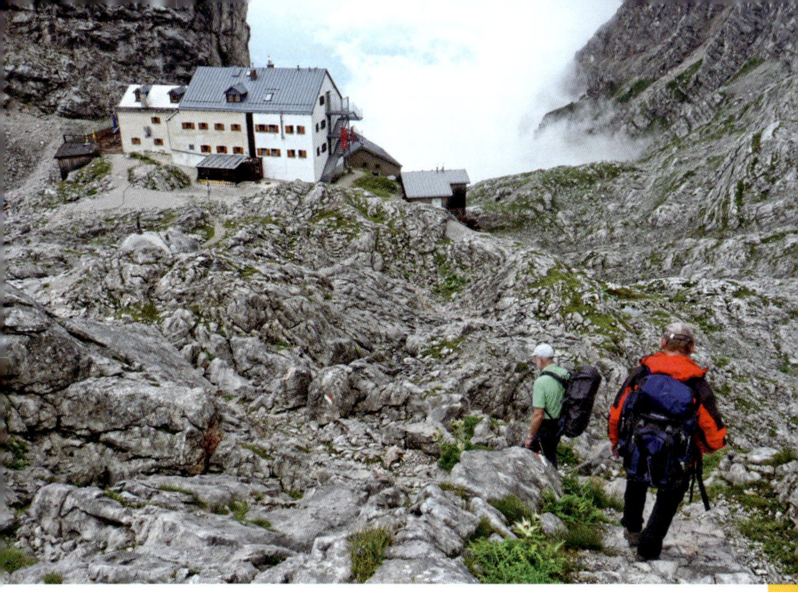

Riemann-Haus im Steinernen Meer

ze Matratzenlager: 100, Dusche, kein Trinkwasser vom Hahn, Mineralwasser an der Theke kaufen, Mitte Juni bis Anfang Oktober, Winterraum vorhanden, Schlafplätze: 6, Schlüssel für Winterraum: AV-Schloss

Direkt-Aufstiege:
Von **Saalfelden** (744 m) über Bürgerau, ⌛ 4 Std.
Von **Maria Alm** (802 m), Parkplatz Sanden, ⌛ 2 Std. 30 Min.
Das Riemannhaus wird auf dem Watzmanntrek oft nur als Mittagsstation genutzt. Viele attraktive Bergtouren in der Umgebung lohnen aber die Überlegung, hier eine zusätzliche Übernachtung einzulegen.

Sommerstein (⇧ 2.308 m)

⌛ 1 Std., ↑ 130 m, ↓ 130 m, ⮌ 1 km

Der Sommerstein ist der markante Sporn über dem Riemannhaus und der Torwächter der Ramseider Scharte. Weite Aussicht von hier auf die Alpenhauptkette und in den Pinzgau.

Vom **Riemannhaus** steigen Sie auf einem steilen, gut beschilderten und markierten Steig zuerst nach Süden und dann nach Westen auf den **Sommerstein**. Zurück auf demselben Weg oder weiter zum Schönegg-Gipfel.

Breithorn (⇧ 2.504 m)

⌛ 2 Std., ↑ 350 m, ↓ 350 m, ➲ 3 km

Das Breithorn bietet einen weiten Ausblick in den Pinzgau und auf die Hohen Tauern. Der Aufstieg verläuft auf einfachem Weg und ist leicht zu finden. Über den Gipfel führt der anspruchsvolle Saalfeldener Höhenweg.

Vom **Riemannhaus** starten Sie Richtung Norden auf Weg 428. Die **Abzweigung** zum Ingolstädter Haus nach 350 m lassen Sie rechts liegen. Die Route wendet sich nach Südwesten und läuft nun direkt auf das **Breithorn** zu. Der **Abstieg** erfolgt auf der identischen Strecke.

Fünf-Gipfel-Rundtour

Schönfeldspitze (⇧ 2.653 m) - Wurmkopf (⇧ 2.451 m) - Streichenbeil (⇧ 2.412 m) - Schönegg (⇧ 2.389 m) - Sommerstein (⇧ 2.308 m)

⌛ 4 Std. 30 Min., ↑ 600 m, ↓ 600 m, ➲ 5,5 km

Eine anspruchsvolle Bergtour über mehrere Gipfel östlich und südlich des Riemannhauses. Eine Tour für Gipfelsammler, Trittsicherheit und Schwindelfreiheit sind erforderlich, an der Schönfeldspitze und am Wurmkopf sind leichte Kletterstellen zu überwinden.

Von der **Hütte** startet die Runde nach Osten. Die Markierungen führen **auf die Schönfeldspitze zu**, die schon vom Königssee aus als markantes Horn zu sehen war. Zunächst ist noch der Hochkönig ausgeschildert, der Weg dorthin zweigt jedoch nach etwa 800 m links ab. Nach 30 Min. Gehzeit ab Hütte kommt von rechts vom Wurmkopf ein Steig heran, dem Sie nach links folgen (in die andere Richtung verläuft später der Rückweg). Bald beginnen leichte Klettereien. Um den **Gipfel der Schönfeldspitze** zu erreichen, lassen Sie diesen zuerst links liegen, um dann von Südosten zum ungewöhnlichen Gipfelkreuz aufzusteigen (2 Std. 30 Min. ab Riemannhaus). Sie steigen nach der Gipfelpause auf dem „Matterhorn des Steinernen Meeres" zuerst auf demselben Weg wieder ab bis zur o.g. **Gabelung vor dem Wurmkopf**. Hier links (zuerst nach Süden) abbiegend verläuft der Weg in südwestlicher Richtung über **Wurmkopf** (⇧ 2.451 m, kleiner Abstecher zum Gipfel), **Streichenbeil** (⇧ 2.412 m) und **Schönegg** (⇧ 2.389 m).

Die **Gabelung** beim Schönegg-Gipfel verlassen Sie nach rechts (Norden) und gelangen 500 m weiter an den Abstecher nach links (Westen) zum **Sommerstein**. Diesen letzten Gipfel bezahlen Sie mit 90 hm (30 Min.) Auf- und Abstieg ... oder wenden sich direkt der nahen Sonnenterrasse des **Riemannhauses** zu. Der Kaiserschmarrn erwartet Sie schon!

Dort, wo Sie heute vor dem Mittagessen (oder gestern) das **Riemannhaus** erreicht haben, geht auch der Weg zum Ingolstädter Haus weiter. Der Einstieg ist beschildert, aber etwas schwer zu sehen. Zuerst auf das Breithorn zuhaltend biegt der **Eichstätter Weg** nach kurzer Zeit und einer steilen Passage rechts vom Weg 428 ab und führt nun die **Nummer 401**. In ständigem Auf und Ab zieht sich die Route durch das Steinerne Meer.

Hier kann bis lange in den Sommer hinein Schnee liegen. Das liegt an den schattigen Mulden, in die im Winter große Mengen an Schnee hineingeblasen werden. Ab Ende Mai / Anfang Juni sind die Schneefelder aber meist fest und gut zu überqueren. Manchmal erleichtern sie dem Bergsteiger sogar die sonst sehr steinige Strecke.

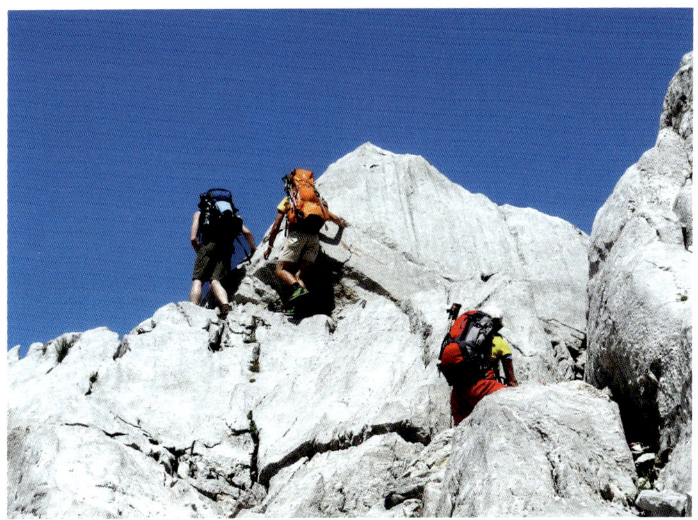

Steinernes Meer

Nach 1 Std. 30 Min. (ab Riemannhaus), in einer Felslandschaft, die eintönig und spannend zugleich erscheint, erreichen Sie die Kreuzung „**Wegscheid/Praterstern**". Nach links (Südwest) ginge es in 2 Std. zur Peter-Wiechenthaler-Hütte, nach rechts (Nordost) in 1 Std. 30 Min. auf anderer Route (Weg 412) zum Kärlingerhaus. Geradeaus liegt die zweite Hälfte des Weges vom Riemannhaus zum Ingolstädter Haus vor Ihnen.

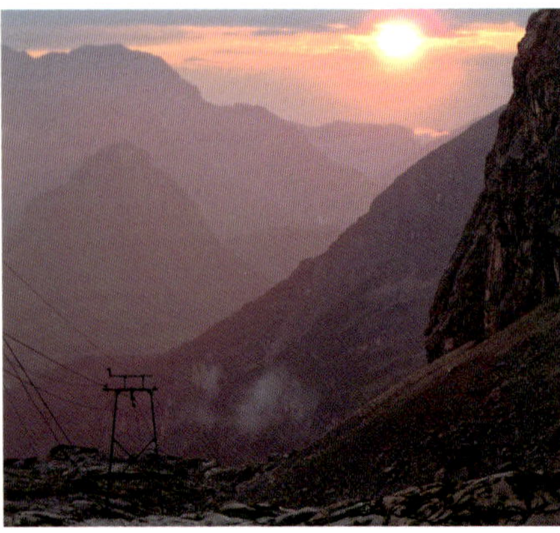

Abendstimmung am Ingolstädter Haus

Die karge Landschaft zieht sich etwas, falls Sie heute schon die ganze Strecke vom Funtensee hinter sich haben. Das Alpenvereinshaus ist früh zu sehen, versteckt sich aber immer wieder. Nach der **Abzweigung zu den Schindlköpfen**, die nach links (Südwesten) weggeht, ist es nicht mehr weit. Steilere Felspassagen halten jedoch die Spannung bis zum Erreichen des **Ingolstädter Hauses** hoch.

Ingolstädter Haus ⇧ 2.119 m, 📷 Seite 34

UTM: 33T 0340881, 5263079

Geografisch: N 47°30.099´ E 012°53.225´

Hüttenwirte: Familie Rudolf Senninger, Vorderglemm 717, 5753 Saalbach, Österreich, ☏ 00 43(0)65 82/83 53 (Hütte), 00 43(0)664/846 56 29 (Tal), info@ingolstaedter-haus.de, www.ingolstaedter-haus.de, Betreiber: Sektion Ingolstadt des Deutschen Alpenvereins, Franz Mayr, Ludwigstr. 4, 85049 Ingolstadt. Schlafplätze Zimmerlager: 25, Schlafplätze Matratzenlager: 90, eine Dusche für alle, Münzbetrieb, € 3 pro 3 Min., Waschraum mit kaltem Wasser im Keller, kein Trinkwasser, Mineralwasser an der Theke zu erwerben (1,5 Liter kostete 2015 4 €), Trockenraum mit kräftiger Leistung in der Bergstation der Materialseilbahn, Mitte Juni bis Anfang Oktober, Winterraum vorhanden, offen.

Frühstück gibt es im Ingolstädter Haus von 7:00-8:00. Es ist als Buffet organisiert, sehr vielfältig und lecker. Allerdings können die Schlangen am Buffet bei voll belegter Hütte schon mal ziemlich lang werden. Die Lager sollen bis 8:00 geräumt sein. Als Lunchpaket können Sie sich Brote schmieren und diese an der Kasse bezahlen (€ 0,50/Brotscheibe plus wenige Cent für den Belag).

Das Ingolstädter Haus thront in einem Pass hoch über dem Steinernen Meer. Bei schönem Wetter ist die Aussicht von der Terrasse großartig. Leider pfeift der kalte Wind ungebremst um das Haus herum, wenn die Wettergötter weniger Mitleid haben. Das Haus wurde 1929 fertiggestellt. Seit 1973 gibt es die Materialseilbahn. 2006-2008 wurde umfangreich renoviert und umgebaut.

☺ Im Ingolstädter Haus können Sie ggf. über Ihre Geldkarte Bargeld bekommen.

Direkt-Aufstiege:
Von **Dießbach** (⇧ 676 m), ⌛ 4 Std. 30 Min.
Von **Weißbach**, Parkplatz Pürzlbach (⇧ 1.030 m), ⌛ 4 Std. 30 Min.
Vom **Dießbach-Stausee** (⇧ 1.415 m, Taxi von Weißbach), ⌛ 3 Std.
Von **Sankt Bartholomä** (⇧ 600 m), ⌛ 6 Std. 30 Min.

☺ Da die folgende Etappe zur Wimbachgrieshütte nicht sehr lang ist, bietet sich die eine oder andere Besteigung an. Das könnte eine der beiden im Folgenden vorgeschlagenen Touren sein oder der Hirschwieskopf als Abstecher unterwegs.

↬ Großer Hundstod (⇧ 2.594 m)

⌛ 2 Std. 30 Min. - 3 Std., ↑ 470 m, ↓ 470 m, ➲ 3 km

Steiler Aufstieg, aber ohne besondere Schwierigkeiten. Vom Gipfel blicken Sie auf die Watzmann-Südspitze und das Steinerne Meer, sowie im Süden auf den Zeller See und das traumhafte Panorama der Hohen Tauern.

Hinter dem Haus in der **Dießbachscharte** starten Sie am Wegweiser direkt nach Norden. Der **Große Hundstod** ist ausgeschildert. Durch steiniges Gelände, vorbei an mehreren Höhlen geht es zum Teil steil bergauf, erst kurz vor dem Gipfel wird es wieder etwas flacher. Der **Abstieg** erfolgt auf demselben Weg.

↬ Schindlkopf (⇧ 2.357 m)

⌛ 2 Std. - 2 Std. 30 Min., ↑ 240 m, ↓ 240 m, ➲ 3 km

Schöne Aussichten auf die Tauern und in den Pinzgau, etwas weniger anstrengend als der Große Hundstod.

Gehen Sie vom **Haus** Richtung Süden, zuerst auf **Weg Nr. 401** Richtung Riemannhaus, nach gut 350 m dann aber **rechts** abbiegend Richtung Schindlköpfe (Beschilderung). Über kurze Felsstufen läuft der Steig in die breite Scharte zwischen den Schindlköpfen. Weiter, teilweise etwas ausgesetzt und steil, zum **Gipfel** des Südlichen Schindlkopfes (⇧ 2.357 m). **Abstieg** über denselben Weg.

Die Schindlköpfe können auch auf dem Weg vom Riemannhaus „mitgenommen" werden. Das lohnt sich aber kaum, da der Einstieg nur 350 m vom Ingolstädter Haus entfernt liegt.

Etappe 3a (Alternative 1): Vom Kärlingerhaus über das Zirbenmarterl zum Ingolstädter Haus

⌛ 4 Std. 30 Min., ↑ 670 m, ↓ 190 m, ➲ 9 km, ⇧ 1.630-2.150 m

Kärlingerhaus	⇧ 1.630 m	
Hirschentörl	⇧ 1.876 m	⌛ 1 Std. 15 Min. ab Kärlingerhaus
Wegscheid Praterstern	⇧ 2.150 m	⌛ 1 Std. 45 Min. ab Hirschentörl
Ingolstädter Haus	⇧ 2.120 m	⌛ 1 Std. 30 Min. ab Wegscheid Praterstern

Etwa 6 km kürzer und etwas weniger anstrengend ist die Variante über das Zirbenmarterl. Allerdings müssen Sie dann auf den Kaiserschmarrn im Riemannhaus verzichten.

Vor der Terrasse des **Kärlingerhauses** wenden Sie sich am Brunnen vorbei nach links um das Haus herum. Hinter dem Haus an der Gabelung steht ein Wegweiser, der Ihnen den **Weg Nr. 412** Richtung Westen zeigt.

Sie steigen stetig aus der Mulde des Kärlingerhauses auf zum Viehkogelsattel (⇧ 1.759 m). Die Abzweigung nach links auf den Viehkogel (⇧ 2.158 m) lassen Sie unbeachtet, es sei denn, Sie möchten nebenbei noch einen Gipfel „mitnehmen".

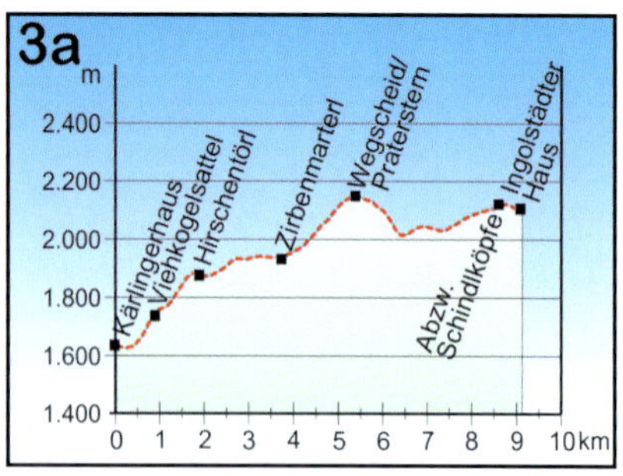

Nach ⌛ 1 Std. 15 Min. (ab Kärlingerhaus) liegt hinter dem **Hirschentörl** die nächste Gabelung (⇧ 1.876 m). Hier folgen Sie dem **Weg Nr. 412** nach links (Westen). Nach einigen weiten Kurven schwenkt der Weg auf die Südrichtung und bringt Sie vorbei am **Zirbenmarterl** (Kruzifix) durch die eindrucksvolle Ödnis des Steinernen Meeres.

Gut 3 km nach dem Hirschentörl treffen Sie auf die Kreuzung **Wegscheid/Praterstern**. Scharf nach rechts (Norden) biegen Sie in den **Eichstätter Weg** ein. Das Ingolstädter Haus ist nun mit der **Wegnr. 401** ausgeschildert, die Beschreibung des weiteren Weges finden Sie oben bei der Hauptroute ab „Wegscheid/Praterstern".

Etappe 3b (Alternative 2): Vom Kärlingerhaus auf nächstem Weg zum Ingolstädter Haus

⌛ 3 Std. - 3 Std. 30 Min., ↑ 580 m, ↓ 100 m, ➲ 6 km, ⇧ 1.630-2.120 m

Kärlingerhaus	⇧ 1.630 m	
Hirschentörl	⇧ 1.876 m	⌛ 1 Std. 15 Min. ab Kärlingerhaus
Ingolstädter Haus	⇧ 2.120 m	⌛ 2 Std. ab Hirschentörl

Für schlechtes Wetter gibt es eine noch kürzere Variante, die besonders bei Nebel zu empfehlen ist.

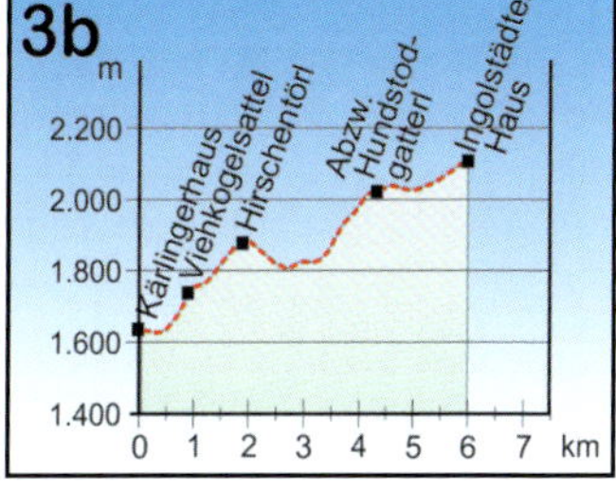

Dazu folgen Sie dem Alternativvorschlag 1 bis zum **Hirschentörl**, wandern dort aber auf **Weg Nr. 420** geradeaus weiter. Das Ingolstädter Haus ist bald zu sehen, der Pfad zieht sich aber noch im großen Bogen um das Steinerne Meer herum.

Etwa 2 km hinter dem Hirschentörl (⇧ 2.010 m) gabelt sich der Weg. Sie halten sich links (Westen) und folgen nun der **Wegnummer 411** zum **Ingolstädter Haus**.

Etappe 4: Vom Ingolstädter Haus ins Wimbachgries

⌛ 4 Std. 30 Min. - 5 Std., ↑ 200 m, ↓ 1.000 m, ➲ 10 km, ⇧ 1.330-2.185 m

Ingolstädter Haus	⇧ 2.120 m	
Hundstodgatterl	⇧ 2.188 m	⌛ 1 Std. 30 Min. ab Ingolstädter Haus
Trischübl	⇧ 1.760 m	⌛ 2 Std. ab Hundstodgatterl
Wimbachgrieshütte	⇧ 1.326 m	⌛ 1 Std. ab Trischübl

Auf dieser Etappe ist Trittsicherheit und Schwindelfreiheit gefragt. Der Aufstieg ins Hundstodgatterl macht viel Spaß, weil der Bergsteiger in leichtem Klettergelände über kompakte Felsen kraxeln muss. In der Passage auf der anderen Seite des Passes liegen teilweise sehr viel Schotter und lose Steine, was den Abstieg etwas mühsam macht.

Durch den **Hinterausgang** oder über die Terrasse des Ingolstädter Hauses gelangen Sie direkt an eine **Kreuzung** (auf der Nordseite des Hauses). Geradeaus (Norden) führt der Steig auf den Großen Hundstod, nach links (Nordwesten) windet sich der Pfad 401 zum Dießbachstausee (siehe unten, Schlechtwetter-Alternative) und nach rechts (Nordosten) folgen Sie **Weg 411**, der durch die Dießbachscharte hinunter und am Rande des Steinernen Meeres entlang zum Hundstodgatterl führt.

☝ Kurz hinter dem Ingolstädter Haus muss meist noch bis weit in den Sommer hinein ein Schneefeld überquert oder rechts umgangen werden.

Der Weg ist danach etwas holperig und nicht immer ganz klar zu erkennen. Sie sollten daher die Markierungen im Auge behalten! Der Weg verliert stetig an Höhe.

Auf der rechten Seite begleiten Sie nun die eindrucksvollen Wellenberge des Steinernen Meeres. Hier sieht der aufmerksame Wanderer auch öfter Murmeltiere oder Gämsen.

Links flankieren die steilen Wände des Großen Hundstod den Pfad. Auch ein Blick zurück lohnt: Das Ingolstädter Haus grüßt aus exponierter Lage. Die **Grenze** nach Deutschland und damit zum Nationalpark, die Sie hier überschreiten, erkennen Sie nur in der Karte.

An einer ausgesetzten Stelle kurz vor der Abzweigung müssen mal wieder die Hände zur Hilfe genommen werden. Dann erreichen Sie nach 45 Min. und 110 m Abstieg (ab Hütte) den **Wegweiser** auf ⇧ 2.010 m.

Die Schilder weisen nach rechts über Weg 420 zum Kärlingerhaus. Weiter geht es aber links rauf Richtung Nordwesten (**Weg 411**). Hier beginnt der - vom Watzmannaufstieg abgesehen - gehtechnisch anspruchsvollste Teil des Treks.

☺ Die Wanderstöcke, falls in Benutzung, sollten Sie hier gleich am Rucksack verstauen. Jetzt kommen immer wieder die Hände zum Einsatz und die Gehhilfen würden da eher stören und die Stolpergefahr erhöhen.

Auf den ersten paar Metern ist der Pfad noch schotterig, dann dominiert der blanke Fels. Links vorn ragt steil die Bastion des Großen Hundstod auf. Der helle Kalkstein bietet eine Karstlandschaft wie aus dem Bilderbuch. Die durch Lösung entstandenen Rinnen, Rücken, Grate und Schlote formen ein Labyrinth aus Stein. Hier ist dann Kraxeln angesagt. Aber keine Sorge, es gibt genügend Tritte und Griffe, und sofern es nicht an Trittsicherheit und Schwindelfreiheit hapert, ist das

Gelände gut zu bewältigen. Die ungewohnten Bewegungsabläufe und der ständige Aufstieg kosten Kraft, aber das leichte Klettern in diesem Felspark macht auch großen Spaß.

☺ Behalten Sie die Markierungen im Auge, denn einen getretenen Weg gibt es hier nicht mehr. Aber halten Sie sich nicht zu eng an die

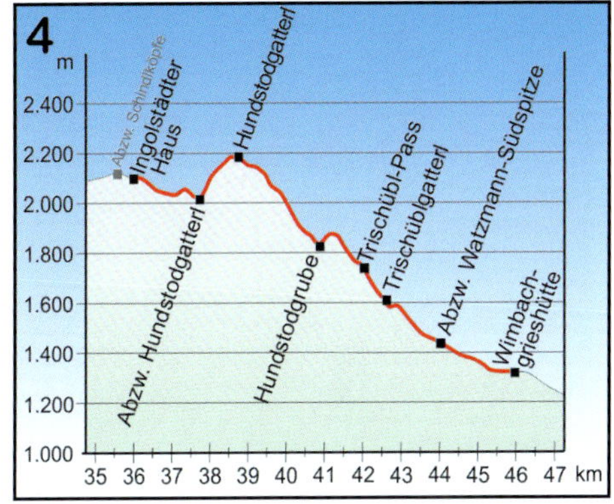

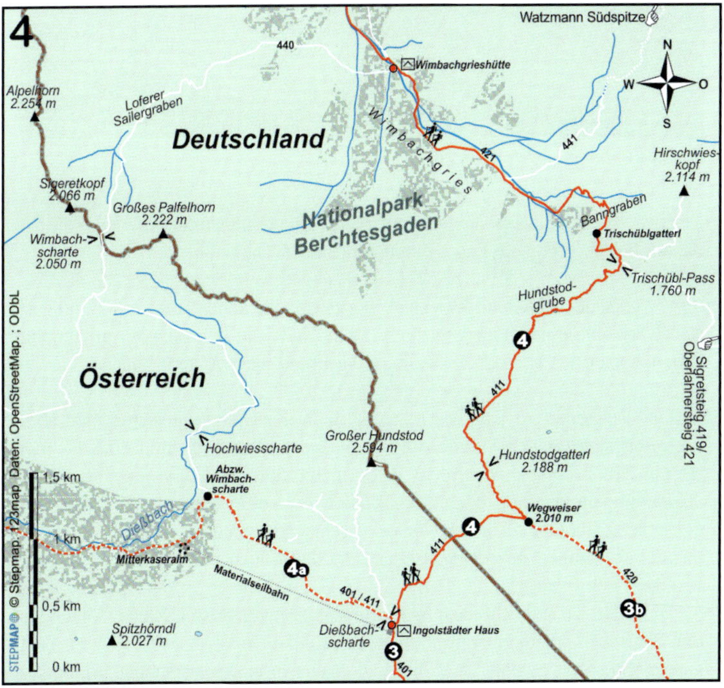

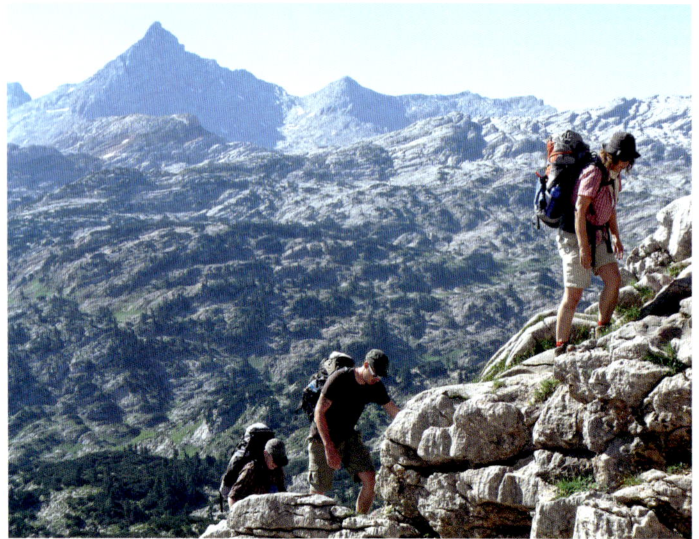

Aufstieg zum Hundstodgatterl

Zeichen. Suchen Sie sich, immer wieder innehaltend und vorausschauend, die für Sie am besten geeignete Route durch die fahlen Felsgerippe.

Vorsicht bei Regen: Der blanke Kalkstein wird schnell sehr seifig und rutschig. Sofern Sie nicht sowieso die Alternativroute um den Berg herum gewählt haben, sollten Sie hier sehr vorsichtig steigen und mehr Zeit einplanen.

Der Zeitbedarf ist auf dieser Strecke individuell sehr unterschiedlich, aber nach ungefähr 1 guten Stunde Aufstieg wird das **Hundstodgatterl** erreicht. Von diesem Pass haben Sie, sofern das Wetter mitmacht, einen hervorragenden Blick auf die direkt und zum Greifen nah vor Ihnen liegende Watzmann-Südspitze. Wie ein steiler Zahn ragt sie in den Himmel. Rechts davon liegt, von hier aus unsichtbar, der Königssee. Links der Südspitze setzt das Wimbachtal an, das das Ziel der heutigen Tour markiert.

Wenn Sie die Aussicht nach Nordosten ausgiebig genossen haben, sollten Sie den Blick auch noch ein letztes Mal zurück auf das Steinerne Meer richten. Weit ausgebreitet liegt es nun unter Ihnen, dominiert von der markanten Schönfeldspitze. Auch der im Salzburger Land gelegene Hochkönig (⇧ 2.941 m) mit dem Matrashaus auf seinem Gipfel und einem kleinen Gletscher, der übergossenen Alm, ist im Südosten gut zu erkennen.

Mit etwas Orientierungsvermögen können Sie einen großen Teil der in den letzten Tagen zurückgelegten Route nachvollziehen. Direkt im Süden wird die Position des Riemannhauses, das selbst nicht zu sehen ist, von der markanten Wand des darüber aufragenden Sommersteins verraten.

Das Landschaftsbild der letzten Etappen ändert sich nach dem Hundstodgatterl und mit dem Wimbachgries kommt bald eine ganz anders gestaltete landschaftliche Attraktion in Sicht. Bevor Sie den Blick auf das Wimbachtal genießen können, gilt es aber, einen mühsamen und undankbaren Abstieg zu bewältigen. Die Stöcke können ruhig noch eine Weile am Rucksack bleiben, da man sie auf den nächsten Kilometern sowieso kaum länger sinnvoll einsetzen kann und die Hände immer wieder zum Festhalten gebraucht werden.

Zuerst turnen Sie, dem **Weg 411** folgend, weiter über Felsen abwärts. Achten Sie auf Zeichen, der Weg ist nicht immer ganz klar. Nachdem Sie die Felszone überwunden haben, wird der Weg vorübergehend etwas angenehmer. Am Rande von Moränenwällen aus den letzten Kaltzeiten geht es auf Schotter leicht absteigend bequem dahin. Diese Erholungsphase hält aber nicht lange an.

Etwa 40 Min. nach dem Pass beginnt ein steiler Abstieg. Hier liegen viele lose Steine und Schotter auf dem Pfad. Daher sollten Sie besonders kontrolliert absteigen, um keinen Steinschlag auszulösen.

✋ Achten Sie auch auf Steinschlag, der ggf. von hinter Ihnen absteigenden Gruppen ausgelöst wird. Scheuen Sie sich nicht vor lauten und deutlichen Warnungen, falls andere Wanderer mit dem Thema eher sorglos umgehen. Steinschlag ist sehr gefährlich und wird oft unterschätzt.

☺ Auch auf diesem Streckenteil sollten Sie Ihre Route vorausschauend legen. Teile des Weges sind der Erosion zum Opfer gefallen, so dass man hier und da etwas improvisieren sollte.

Wenn Sie die Mulde, die sogenannte **Hundstodgrube**, erreicht haben, liegt das Unangenehmste hinter Ihnen. In der Hundstodgrube liegt rechts vom Weg im Frühsommer oft noch ein kleiner Tümpel, der aber im Lauf des Sommers austrocknet (✋ ab hier bis zum Trischübl häufig Murmeltiere zu sehen). Der Pfad windet sich von hier wieder aufwärts durch Latschenkiefern. In der Nähe der höchsten Stelle kann man schön auf einer Wiese **Rast** machen, bevor es erneut bergab geht.

Immer noch ist etwas Kraxelei gefragt, die Stöcke können noch am Rucksack bleiben. Wenn Sie den **Trischübl-Pass** erreichen, leicht zu erkennen an der Wetterstation mit Sendemast, ist die anspruchsvolle Wegstrecke aber für heute vorbei.

Auch hier am Trischübl-Pass (auch: Trischübl oder Drischübl) kann man gut rasten. Von dieser Stelle gehen 4 Wege ab. Den einen Weg - nach Südwest zum Hundstodgatterl und zum Ingolstädter Haus - sind Sie gekommen. Nach Nordwest geht es später weiter zum Wimbachgries und der Wimbachgrieshütte.

Richtung Südosten gäbe es zwei Ziele: den Königssee mit Sankt Bartholomä über den sehr attraktiven Weg über die Sigeretplatte oder den Funtensee mit dem Kärlingerhaus über den nicht minder attraktiven Pfad über die Oberlahneralm.

Abstecher auf den Hirschwieskopf (⇧ 2.114 m)

Während die Abzweigung Richtung Südosten für den weiteren Trek keinen Sinn ergibt, ist die nordöstliche Richtung auch für den Watzmann-Trekker interessant. Hier können Sie in 1 Std. 30 Min. Gehzeit (hin und zurück) einen Abstecher auf die Hirschwiese und den Hirschwieskopf (⇧ 2.114 m) machen. Die hervorragende Aussicht bietet Blicke durch das schwindelerregend steil abfallende Eisbachtal auf den Königssee. Die Watzmann-Südspitze wiederum scheint links davon zum Greifen nah.

Der Aufstieg beginnt an einem Wegweiser, vom Trischüblpass ein paar Meter Richtung Wimbachgries. Hier wird der Abstecher nach rechts (Osten) gewiesen. Im weiteren Verlauf gibt es keine Markierungen mehr, aber der Aufstieg ist leicht zu erkennen. Lediglich am Anfang muss man sich an einer Gabelung für links aufwärts entscheiden. Lehm, Gras, Schotter und Fels wechseln sich als Untergrund ab. Leichte Kletterei ist hier und da erforderlich.

Nach 45 Min. erreicht man die Hirschwiese, ein paar Meter weiter den Hirschwieskopf.

Zurück zum Trischübl-Pass nehmen Sie wieder den Aufstiegspfad. Vorsicht, die Lehm- und Graspassagen können bei Feuchtigkeit tückisch rutschig sein.

Vom Trischübl-Pass wenden Sie sich nun auf **Weg 421** zuerst Richtung Norden. Die Steigungen liegen hinter Ihnen, es geht nur noch stetig abwärts oder, am Ende, eben dahin. Nach einigen Minuten erreichen Sie das **Trischüblgatterl**. Hier steht links eine Bank, von der aus Sie den fantastischen Blick auf das Wimbachgries in Ruhe genießen können. Die Landschaft ist wieder einmal ganz anders als alles bisher Gesehene.

Das Wimbachgries

Weil die Felsnadeln und -wände im Wimbachtal hauptsächlich aus Dolomit bestehen, sind sie ein leichtes Opfer für die Verwitterung. Dolomit enthält mehr Magnesium als der Kalkstein, den Sie auf dem Trek bis hierher gewohnt waren. Das macht das Gestein hart und spröde. Die Beanspruchung durch tektonische Kräfte führt zum Brechen des Gesteins und viele Risse und Klüfte entstehen, die es der Erosion leicht machen. So fallen jedes Jahr besonders durch Frostsprengung enorme Massen an Schotter an, in dem das Tal zu ertrinken scheint.

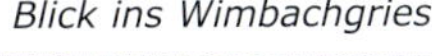

Blick ins Wimbachgries

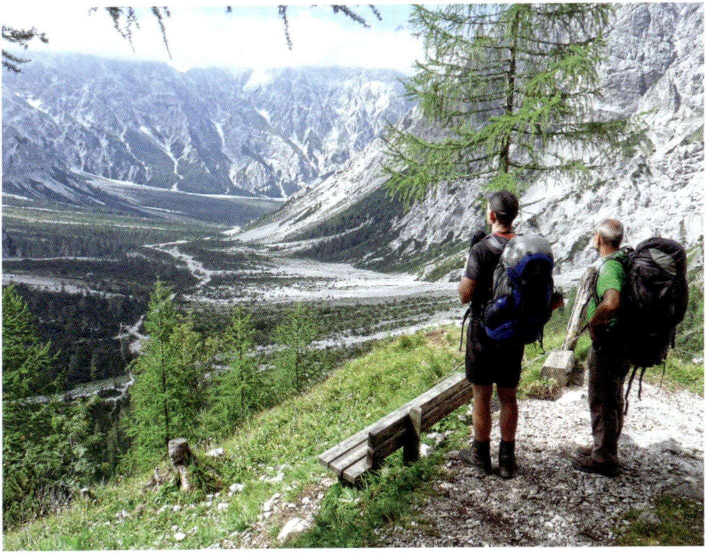

Nach der Bank folgt ein seit einigen Jahren gut befestigter Weg, der zuerst eine steile Felswand auf breiten Holzplanken durchquert. Anschließend senkt sich der Weg in den **Banngraben**. Hier ist im Jahr 2012 ein großer **Erdrutsch** abgegangen, der überquert werden muss. Der Pfad ist mittlerweile gut ausgetreten und befestigt. Jedoch sollten Sie besonders bei starkem Wind oder nach ergiebigen Regenfällen auf Steinschlag achten und nicht gerade mitten auf dem Erdrutsch längere Pausen einlegen.

Hinter dem Banngraben führt der Pfad in den Wald, bringt einige Serpentinen hinter sich und wird am Fuße der steilen Wände immer flacher. Unten im **Wimbachgries** wandert man die letzten 30 Min. im feinen Schotter dann so bequem wie auf Schotterwegen in einem Kurpark.

Im Wimbachgries

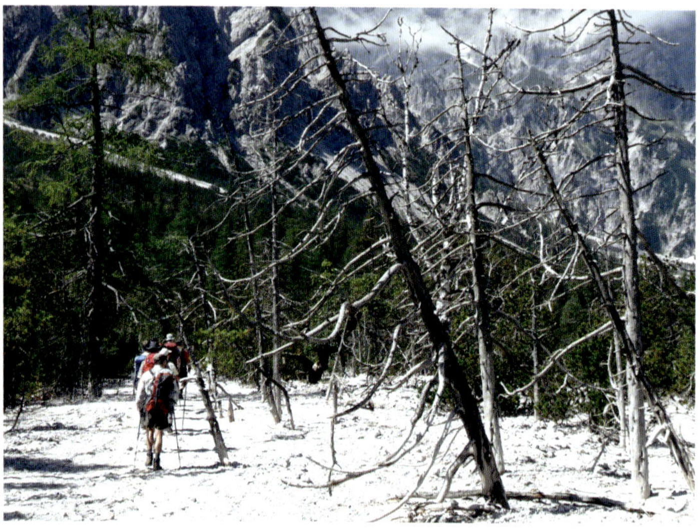

Bevor Sie die Hütte erreichen, passieren Sie noch die **Wegeinmündung** (⇧ 1.432 m, Weg 441), an der die Bergsteiger von der Südspitze des Watzmannes auf den Weg zur Hütte stoßen.

Watzmann-Überschreitung

Die Watzmannüberschreitung ist eine anspruchsvolle Klettersteigtour und nur erfahrenen Bergsteigern mit geeigneter Ausrüstung zu empfehlen. Meist wird vom Watzmannhaus über das Hocheck, die Mittelspitze und die Südspitze zur Wimbachgrieshütte abgestiegen. Die Tour gehört zu den schönsten Klettersteigen überhaupt und die Ausblicke sind großartig. Leider ist die Route an schönen Sommerwochenenden auch entsprechend stark frequentiert. Leichtsinn und mangelnde Erfahrung fordern immer wieder Einsätze der Bergwacht. Besonders bei Gewitterneigung ist die Route sehr gefährlich.

Der Weg zur Hütte führt zwischen Bäumen und Buschwerk auf der linken Seite des Tales entlang.

Statt aus Wasser scheint der Fluss nur aus Schotter zu bestehen. Felsen und Bäume ertrinken förmlich im trockenen Gries, das sich wie ein zäher Brei fortbewegt. Tief unten sickert jedoch immer Wasser in Richtung Tal. Nur nach der Schneeschmelze und nach starken Regenfällen fließt ein Bach an der Oberfläche, der in kurzer Zeit das Bachbett umgestaltet. Schotterflächen werden verlagert, Büsche und Bäume umgerissen und der Wirt der Wimbachgrieshütte braucht dann wieder eine neue Fahrspur für seinen Pickup.

Kurz vor der Hütte durchquert der Weg das **Bachbett**, passiert die Wasserversorgung der Hütte und mündet direkt in den einladenden Biergarten der **Wimbachgrieshütte**.

Wimbachgrieshütte ⇧ 1.330 m, 📷 Seite 2-3

UTM: 33 T 341078 5267247

Geografisch: N 47°32.352´ E 012°53.295´

Hüttenwirte: Lisbeth und Bernhard Kreh, Greinstr. 40, 84508 Burgkirchen-Hirten, ☏/FAX 00 49(0)86 57/344 (Hütte). Reservierungen nur telefonisch (nicht per Fax oder E-Mail) und nur während der Saisonzeiten. ✉ Keine E-Mail-Adresse! 💻 www.wimbachgrieshuette.de, Betreiber: Naturfreunde Deutschlands, Bezirk München, Reichenbachstr. 53, 80469 München, ☏ 089/201 57 77, FAX 089/202 15 07, ✉ info@naturfreunde-bezirk-muenchen.de. Schlafplätze Zimmerlager: 12, Schlafplätze Matratzenlager: 72, keine Dusche (vor Jahren stillgelegt), 2 Waschräume, Trinkwasser aus dem Hahn im Waschraum, Trockenraum im Nebengebäude oberhalb des (privaten) Hofes, 🚪 Anfang Mai bis Ende Oktober, sonst auf Anfrage, Winterraum: keiner

Getränke und Mahlzeiten hängen aus, Sie bestellen sie an einer Durchreiche im Gastraum. Hier checken Sie auch ein. Die Lager werden allerdings erst um ca. 16:00 vergeben und dann öffnen sich auch die Waschräume. Abendessen gibt es bis 19:30. Das Lunchpaket für den nächsten Tag sollten Sie abends vorbestellen. Es kostet € 5,50 (2015). Das Frühstück können Sie sich ab 7:00 im Gastraum holen, es gibt mehrere Varianten zur Auswahl. Bis 9:00 muss das Lager oder Zimmer geräumt sein.

Direkt-Aufstiege:

Von der Wimbachbrücke (⇧ 630 m), 3 Std. 30 Min.

Von Sankt Bartholomä (605 m, per Königsseeschifffahrt erreichbar) über Schrainbachtal, Sigeretplatte und Trischüblpass (⇧ 1.770 m), ca. 4 Std.

Hin und wieder trudeln kleine Gruppen von erschöpften Kletterern ein, die die Watzmannüberschreitung oder sogar die Klettertour durch die Ostwand bei der Wimbachgrieshütte beenden.

Nach der herben Felslandschaft des Steinernen Meeres ist der Biergarten unter den Bergahornen eine Erholung für Leib und Seele. Nach Westen ausgerichtet fängt er die Nachmittags- und Abendsonne optimal ein, durch die vergleichsweise niedrige Höhe sind die Temperaturen angenehm. Kein Wunder, dass sich auch viele Tageswanderer hier einfinden, aber ab spätem Nachmittag haben die Übernachtungsgäste die Hütte für sich.

 Auch zum Frühstücken sitzen Sie draußen vor der Hütte sehr angenehm!

Naturfreunde Deutschlands

Als einziges Haus auf dem Watzmanntrek wird die Wimbachgrieshütte von den Naturfreunden betrieben. Die Naturfreunde Deutschlands sind ein sozial-ökologisch und gesellschaftspolitisch aktiver Verband für Umweltschutz, sanften Tourismus, Sport und Kultur.

Von insgesamt fast 1.000 Naturfreundehäusern weltweit liegen 400 in Deutschland. Diese bieten günstige Übernachtungsmöglichkeiten und stehen allen Besuchern offen. Mitglieder erhalten Ermäßigungen, eine Ermäßigung für Alpenvereinsmitglieder gibt es hier aber nicht.

Informationen über die aufwändige Energie- und Wasserversorgung der Wimbachgrieshütte finden Sie auf einer großen Tafel neben dem Hütteneingang.

↳ Hirschwieskopf (⇧ 2.114 m)

Ein sehr lohnender Abstecher auf dem Weg vom Ingolstädter Haus zur Wimbachgrieshütte ist der Hirschwieskopf (⇧ 2.114 m). Die Aufstiegsroute ist dort in der Routenbeschreibung zu finden.

Weitere Abstecher bieten sich für den Nachmittag von der Wimbachgrieshütte nicht an. Ein Grund mehr, vielleicht schon morgens vom Ingolstädter Haus aus noch etwas zu unternehmen.

↳ Watzmann-Südspitze (⇧ 2.712 m)

Auch wenn es auf der Karte verlockend aussieht, der Aufstieg auf die Watzmann-Südspitze von der Wimbachgrieshütte aus ist nicht zu empfehlen. 800 anstrengende und anspruchsvolle Höhenmeter mit undankbaren Schotterflächen lassen keine übermäßig große Freude aufkommen.

Wenn Sie das komplette Watzmann-Gipfelglück erleben wollen, dann übersteigen Sie alle drei Gipfel auf einem überwältigenden Klettersteig vom

Watzmannhaus aus. Allerdings brauchen Sie dazu gute Kletterkenntnisse und Erfahrung auf mittelschweren alpinen Klettersteigen. Andernfalls sollten Sie sich einer geführten Tour anvertrauen.

Schwalbenschwanz

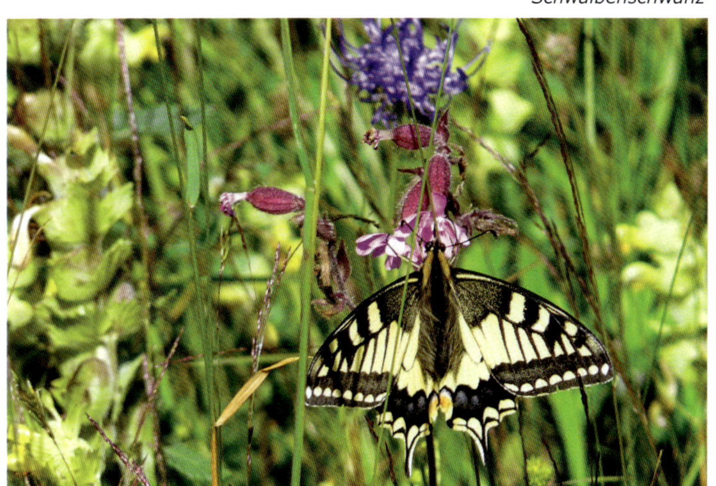

↬ Großes Palfelhorn (⇧ 2.222 m)

⌛ 5 Std., ↑ 900 m, ↓ 900 m, ➲ 8 km

Der Aufstieg ist eigentlich nur zu empfehlen, wenn Sie zwei Tage auf der Wimbachgrieshütte bleiben wollen, oder wenn Sie vom Ingolstädter Haus über die Wege 401 und 440 am Palfelhorn vorbei ins Wimbachgries absteigen möchten. Letzteres wäre eine Alternative zur interessanteren Route über Hundstodgatterl und Trischüblpass, wenn Sie die Strecke dort schon von anderen Touren kennen.

Von der Wimbachgrieshütte den Schuttstrom leicht talabwärts querend führt der Weg 440 zuerst genau nach Westen. Durch den Loferer Sailergraben steigen Sie auf gut markiertem Steig, der nur bei der Querung eines Baches durch Rutschungen manchmal etwas anspruchsvoller ist, in die Wimbachscharte (⇧ 2.050 m) auf. Hier biegen Sie links nach Osten auf den Grat zum Großen Palfelhorn ab. Trittsicherheit und Schwindelfreiheit werden wieder mal einer Prüfung unterzogen. Besonders undankbar sind Schotterflächen, die den Bergsteiger ins Rutschen bringen können. Dafür ist der Blick ins Wimbachgries dann alle Mühen wert.

Der Abstieg ist identisch mit der Aufstiegsroute.

Vom Ingolstädter Haus müssen Sie auf Weg 401 Richtung Dießbachstausee absteigen bis auf ⇧ 1.710 m, dann rechts abbiegen und durch die Hochwiesscharte zur Wimbachscharte aufsteigen, um das Große Palfelhorn zu erreichen.

Etappe 4a (Alternative): Vom Ingolstädter Haus auf einfachen Wegen zur Wimbachbrücke bzw. Wimbachgrieshütte

Ingolstädter Haus - Hirschbichl: ⌛ 5 Std., ↓ 1.300 m, ↑ 300 m, ➲ 15 km
Hirschbichl - Wimbachbrücke per Linienbus
Wimbachbrücke - Wimbachgrieshütte: ⌛ 3 Std., ↑ 700 m, ➲ 8,5 km
⇧ 650-2.120 m

Ingolstädter Haus	⇧ 2.120 m	
Kallbrunnalm	⇧ 1.440 m	⌛ 2 Std. 30 Min. ab Ingolstädter Haus
Hirschbichl	⇧ 1.149 m	P ⌛ 2 Std. 30 Min. ab Kallbrunnalm
Hirschbichl - Wimbachbrücke		➲ 14 km
Wimbachbrücke	⇧ 650 m	WC P Briefkasten
Wimbachgrieshütte	⇧ 1.326 m	⌛ 3 Std. ab Wimbachbrücke

Diese Variante empfiehlt sich nur bei schlechtem Wetter mit Nebel, Schnee oder Starkregen sowie als Notabstieg oder wenn man in Hinsicht auf die eigene Trittsicherheit seine Grenzen schon in den vergangenen Tagen erreicht hat.

Die Wege sind zwar leichter, aber länger als die Normalroute. Wenn Sie bis zur Wimbachgrieshütte wollen, sollten Sie spätestens um 8:00 das Ingolstädter Haus verlassen.

Um die Wimbachbrücke bzw. die Wimbachgrieshütte auf diesem Umweg zu erreichen, sind Sie auf öffentliche Verkehrsmittel angewiesen. Sie sollten sich auf dem Ingolstädter Haus oder vor der Tour im Internet oder am Bahnhof über die aktuellen Busverbindungen informieren.

Möglich ist auch, auf den Auf- und Wiederabstieg zur bzw. von der Wimbachgrieshütte zu verzichten, und in ☞ Hirschbichl, ☞ Ramsau oder an der ☞ Wimbachbrücke zu übernachten.

Am Wegweiser in der **Dießbachscharte** hinter dem Haus wird nach Nordwesten der **Weg Nr. 401** zum Dießbachstausee angezeigt. Über diesen steigen Sie

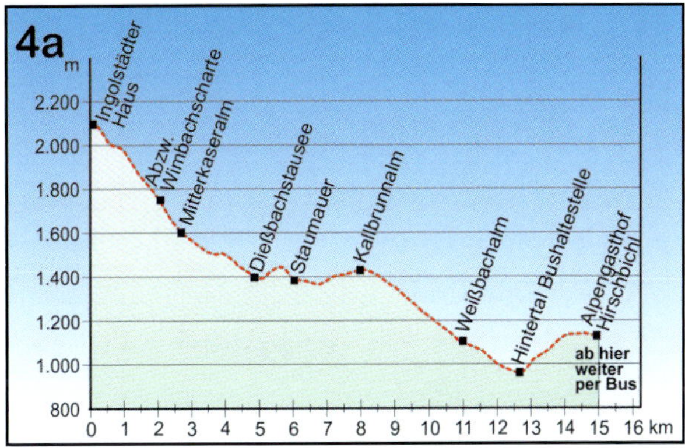

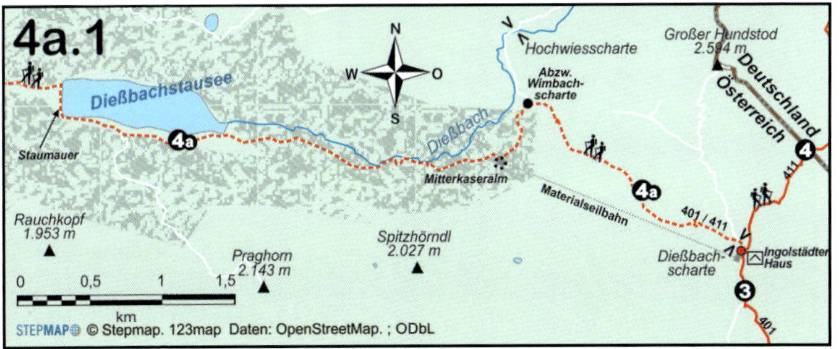

parallel zur Materialseilbahn ab ins Tal. An einer **Gabelung** bei ⇧ 1.710 m, dem Abzweig zur Wimbachscharte, halten Sie sich links und folgen weiter der 401.

An der verfallenen **Mitterkaseralm** (⇧ 1.635 m) befindet sich die Talstation der Materialseilbahn, von hier aus gehen Sie auf Fahrwegen weiter.

Den **Dießbachstausee** lassen Sie rechts liegen und überqueren die **Staumauer** (⇧ 1.417 m). Auf dem Weg 401 bleibend erreichen Sie nach 2 Std. 45 Min. die **Kallbrunnalm** (⇧ 1.440 m) mit der Möglichkeit zur Einkehr in der gemütlichen Käsealpe mit gastfreundlicher Wirtin (✕).

 Von der Kallbrunnalm gibt es manchmal für € 13 einen Shuttle-Bus nach Weißbach, am besten in der Hütte nachfragen.

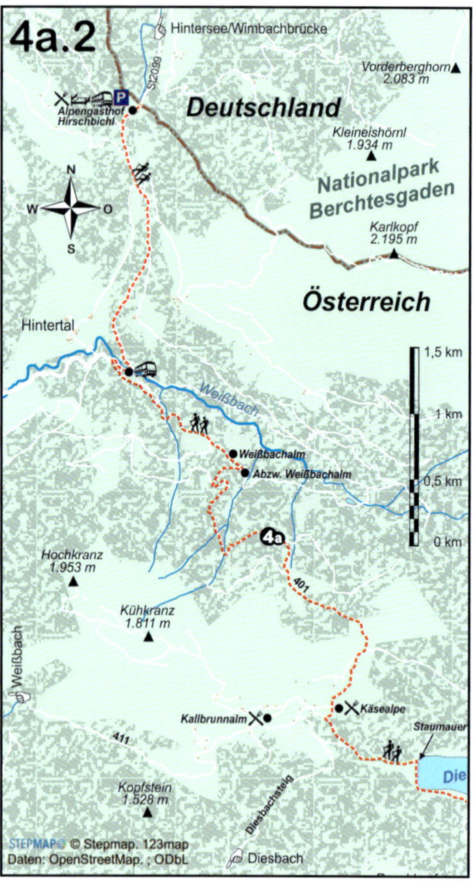

Weiter auf dem **Weg 401** erreichen Sie kurz vor der Weißbachalm (keine Einkehrmöglichkeit) eine **Gabelung** (⇧ 1.120 m). Hier nach links (Nordwesten) halten. Den Schildern Hirschbichl folgend wandern Sie zur **Straße** (1 Std. 15 Min. ab Kallbrunnalm). Nach rechts der Straße folgend erreichen Sie nach ein paar Metern eine **Bushaltestelle** (⇧ 990 m). Per Bus (🚌) kommt aus Weißbach, Abfahrt 13:07, aktuelle Zeiten unter 💻 reiseauskunft.bahn.de, Eingabe: „Weißbach b. Lofer Abzw. Kallbrunnalm" und „Weißbach b. Lofer Hirschbichl") oder noch 45 Min. zu Fuß geht es weiter nach **Hirschbichl** (⇧ 1.149 m) zur österreichisch-deutschen Grenze (⚑).

✕ 🛏 Im Alpengasthof Hirschbichl können Sie auch einkehren und übernachten. Familie Hohenwarter, Alpengasthof Hirschbichl, Hintertal 6, A-5093 Weissbach, ☎ 00 43(0)65 82/83 47, FAX 00 43(0)65 82/83 47 12, ✉ info@hirschbichl.at, 💻 www.hirschbichl.at, Übernachtung ab ca. € 13 p. P. im Doppelzimmer ohne Verpflegung, ab ca. € 18 p. P. im Doppelzimmer mit Frühstück und ab etwa € 28 mit Halbpension.

 Ab hier fährt während der Saison stündlich um x:15 der **Almwanderbus** (dieser wartet auf den Bus aus Weißbach) für € 7 nach **Hintersee**. Er hat dort Anschluss an den Linienbus zur Wimbachbrücke (Fahrziel Berchtesgaden).

Wenn Sie noch Zeit haben, können Sie von der **Wimbachbrücke** auf bequemen Wegen leicht ansteigend in 3 Std. 30 Min. die **Wimbachgrieshütte** erreichen.

Alternativ gäbe es auch in ☞ Hirschbichl, oberhalb der ☞ Wimbachbrücke (z. B. Wirtshaus Hocheck, Fam. Maltan, ☎ 00 49(0)86 57/98 35 86) oder in ☞ Ramsau diverse Übernachtungsmöglichkeiten, die die Tourist-Information Ramsau vermitteln kann (☞ Reise-Infos von A bis Z, Information).

Etappe 5: Von der Wimbachgrieshütte zum Watzmannhaus

6 Std. 30 Min., ↑ 1.250 m, ↓ 600 m, 18 km, ⇧ 650-1.930 m

Wimbachgrieshütte	⇧ 1.326 m	☎
Wimbachschloss	⇧ 935 m	gut 1 Std. ab Wimbachgrieshütte
Wimbachbrücke	⇧ 650 m	WC P Briefkasten gut 1 Std. ab Wimbachschloss
Stubenalm	⇧ 1.135 m	1 Std. 30 Min. ab Wimbachbrücke
Mitterkaseralm	⇧ 1.400 m	1 Std. ab Stubenalm
Watzmannhaus	⇧ 1.930 m	1 Std. 30 Min. ab Mitterkaser

Diese Etappe führt Sie fast den ganzen Tag auf bequemen Wegen zuerst weit ins Tal und dann hinauf zum Watzmannhaus. Erst oberhalb der Mitterkaseralm gelangen Sie wieder auf steinige Bergpfade.

Nach dem Frühstück kommt das bequemste Teilstück der gesamten Tour. Von der **Hütte** aus führt der **Weg Nr. 411/421** erst Richtung Nordwesten und biegt später Richtung Norden zum Wimbachschloss.

Sie haben nun zwei Möglichkeiten. Entweder Sie folgen dem markierten Weg am Rande des Talbodens. Auf festem Schotter marschieren Sie hier meist durch lichten Lärchenwald. Oder Sie folgen einfach der Jeepspur, die auch der Hüttenwirt mit seinem Pickup benutzt. Diese führt über die Schotterflächen des Talbodens durch offenes Gelände.

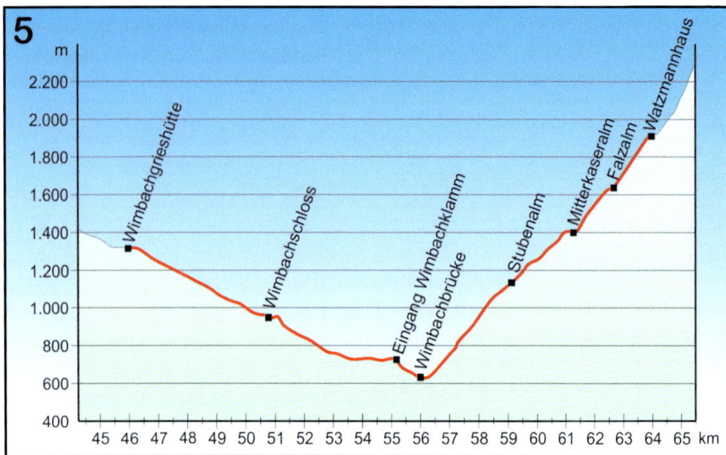

Beide Routen laufen parallel und nicht weit voneinander entfernt. Beide sind bequem zu gehen. Die Beine können locker und weit ausschreiten und nach den letzten Tagen in anspruchsvollerem Gelände ist das ein Genuss. Leider führt das dazu, dass die meisten Bergsteiger zügig und mit großen Schritten Richtung Tal streben, ohne sich auch nur einmal umzudrehen. Dabei ist gerade am Morgen der Blick zurück fantastisch. Die steilen Kalkfelsen der Palfelhörner (auch: Balfenhörner) (⇧ 2.222 m) und des Alblhorns (⇧ 2.254 m) sind - wenn das Wetter mitspielt - schon von der Morgensonne angestrahlt, während die skurrilen Konturen der Lärchen noch im Schatten liegen und sich wie ein Scherenschnitt scharf vor dem hellen Hintergrund abzeichnen (☞ 📷 Seite 100).

Je weiter die Sonne im Osten hinter dem Watzmannmassiv hervorkommt, desto kräftiger erstrahlt linker Hand die Ostabdachung des mächtigen Hochkalter (⇧ 2.607 m). Mit jedem Schritt setzt sich auf der linken Seite das Licht weiter durch, während rechts die kühle und abweisende Watzmann-Westwand drohend im finsteren Schatten bleibt.

Auch bei dichten Wolken ist die Atmosphäre im Wimbachtal sehr beeindruckend. In dem engen Tal fühlt der Wanderer sich wie von der Außenwelt abgeschnitten. Schotterflächen, Lärchenwälder und steile, schroffe Felsen wirken manchmal wie die Kulisse eines Fantasy-Films.

Durch den komfortablen Weg gibt es viel Gelegenheit, nach rechts und links und oben zu schauen. Heute müssen Sie nicht so sehr darauf achten, wo Sie Ihre Füße hinsetzen.

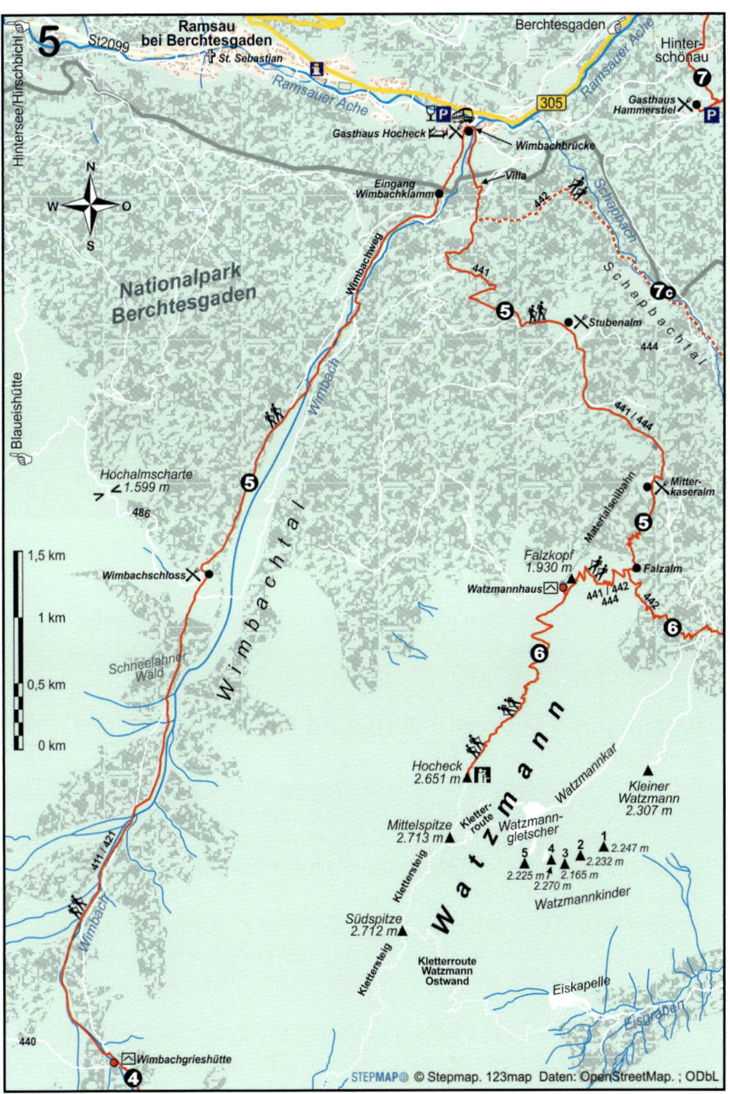

5
Ramsau bei Berchtesgaden
St. Sebastian
Berchtesgaden
Hinterschönau
Ramsauer Ache
305
Gasthaus Hammerstiel
Gasthaus Hocheck
Wimbachbrücke
Villa
Eingang Wimbachklamm
Hintersee/Hirschbichl
Nationalpark Berchtesgaden
Wimbachweg
Schapbach
Schapbachtal
Stubenalm
441
442
444
441 / 444
Mitterkaseralm
Materialseilbahn
Falzkopf 1.930 m
Falzalm
Watzmannhaus
441 / 442 444
Blaueishütte
Hochalmscharte 1.599 m
486
Wimbachschloss
Wimbach
Wimbachtal
Schneelahner Wald
1,5 km
1 km
0,5 km
0 km
Hocheck 2.651 m
Watzmann
Watzmannkar
Kleiner Watzmann 2.307 m
Mittelspitze 2.713 m
Kletterroute
Watzmanngletscher
2.247 m
2.232 m
2.225 m
2.165 m
2.270 m
Watzmannkinder
Klettersteig
Südspitze 2.712 m
Kletterroute Watzmann Ostwand
Eiskapelle
Eisgraben
411 / 421
440
Wimbachgrieshütte
STEPMAP © Stepmap. 123map Daten: OpenStreetMap. ; ODbL

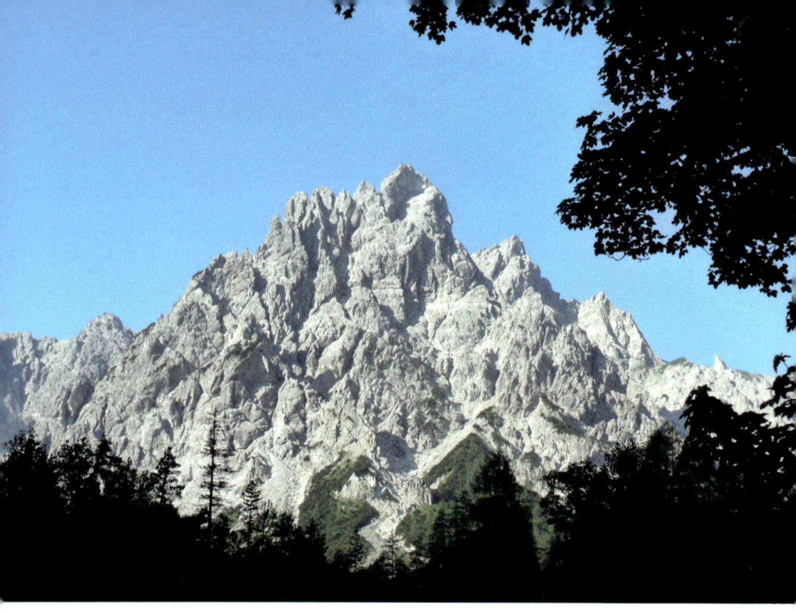

Wimbachtal mit Blick zurück auf die Palfelhörner

Im **Schneelahner Wald**, knapp über der ⇧ 1.000-m-Höhenlinie, führen Piste und Pfad, die sich mehrfach gekreuzt haben, endgültig wieder zusammen. Kurz darauf queren Sie eine Lawinenbahn und direkt dahinter erreichen Sie das ☞ **Wimbachschloss** (⇧ 935 m).

Watzmann-Westwand: Kalk und Dolomit

Wenige Meter vor dem Wimbachschloss steht auf der rechten Seite des Weges eine Schautafel. Hier wird der Unterschied zwischen Kalkstein und Dolomit erläutert. Der weiche formbare Kalkstein prägt die meisten Etappen des Watzmanntreks. Der durch hohen Magnesiumanteil harte und spröde Dolomit jedoch zerbricht bei tektonischen Belastungen und liefert so dem Wimbachgries seine charakteristischen Schuttschleppen.

Wenn Sie den Blick heben und die Bilder der Tafel mit der Watzmann-Westwand vergleichen, sehen Sie deutlich den Unterschied zwischen beiden Gesteinen.

Der frühe Vogel wird im Wimbachschloss wahrscheinlich noch keinen Kaffee bekommen, die Gaststätte (✕) öffnet erst um 9:00. Übernachtungsmöglichkeiten werden nicht angeboten.

Das Halten lohnt sich trotzdem, denn auf einer Schautafel wird die Geschichte des ehemaligen Jagdschlosses der Wittelsbacher erzählt und beeindruckende Fotos von Lawinen verdeutlichen die winterliche Situation im Wimbachtal.

Das Wimbachschloss

Das Wimbachschloss ist kein Schloss, eher ein großes Jagdhaus. Als solches wurde es 1784 vom letzten Fürstprobst von Berchtesgaden erbaut. Anschließend nutzten es die neuen Herren, die bayerischen Wittelsbacher, zu großen Jagdveranstaltungen. Später wurde das Jagdhaus zur Gaststätte umgebaut.

Im Februar 1999 rauschte eine Lawine aus dem Hochkaltermassiv nur knapp auf beiden Seiten des Wimbachschlosses vorbei. Die Welle aus Luft, die die Lawine vor sich herschob, war so stark, dass durch den Luftschwall am Gegenhang viele Bäume nach oben umgeknickt wurden.

Gegenüber dem Wimbachschloss zweigt nach Westen der Weg 486 zur Hochalmscharte ab. Durch diese führt eine anspruchsvolle Route zur Blaueishütte, die nördlich unter dem Hochkaltergipfel liegt. Auf diesem Weg lässt sich für klettersichere Bergsteiger das Ramsautal mit der Wimbachbrücke erreichen. So verlängert sich die Trekkingtour um einen halben Tag.

Weiter führt der Weg, nun mit der **Fahrspur** identisch, gemächlich abwärts durch Wälder aus Lärchen, Fichten, Birken, Erlen und Ahorn.

Ungefähr an der Höhenlinie ⇧ 780 m bricht, vom Weg aus kaum sichtbar, der Wimbach aus dem Schotter. Ab hier fließt ein tosender Wildbach, der Sie - unsichtbar, weil am Grund der Schotterbänke mehr sickernd als fließend - schon seit gestern Nachmittag begleitet. Kurze Zeit später queren Sie einen Seitenarm und wo dieser in den Hauptarm mündet, können Sie im Blick zurück ein Wehr erkennen. Diese Versuche, die mächtigen Schuttmassen zu bändigen, wirken fast hilflos.

Weiter geht es auf dem Weg ins Tal. Hier kommen Ihnen vermutlich schon Wanderer und Spaziergänger mit leichtem Gepäck entgegen, die die Landschaft des Wimbachtales, dessen bequeme Wege und schöne Biergärten genießen möchten.

Dort, wo Sie die Höhenlinie ⇧ 700 m erreichen, gibt es rechts schon einen beschilderten **Abzweig zum Watzmannhaus**. Über diese Abkürzung erreichen Sie den Aufstieg auf Weg 441 etwas schneller und sparen je 50 Höhenmeter im Ab- und Aufstieg.

Wenn Sie den kleinen Umweg in Kauf nehmen möchten, gehen Sie aber geradeaus und erreichen nach kurzer Zeit den **Ausgang der Wimbachklamm**.

Einige Minuten später passiert der Weg den **Eingang zur Klamm** und noch ein paar Meter weiter steht links ein Kassenautomat für die Eintrittskarte.

Wimbachklamm

Die Klamm ist etwa 200 m lang und vom Wimbach während der Eiszeit tief in den Fels hineingesägt worden. Der erste Steig durch die Schlucht wurde von den Holzfällern angelegt, die bis 1843 im Wimbach Stämme für die Salinen ins Tal trifteten. Seit 1847 gibt der verbesserte Steig nun Besuchern die Möglichkeit, die enge Schlucht zu durchwandern.

Anfang Mai bis Anfang November, 7:00-19:00, Eintritt in die Klamm: € 2.

Für die Besichtigung reichen 30-45 Min.

Der nun asphaltierte Weg erreicht nach 5 Minuten das **Gasthaus Hocheck**, dessen blau-rote Biergartenbeflaggung schon vom Kassenautomaten der Klamm her sichtbar ist. Im Bereich der **Wimbachbrücke**, die etwas weiter unten liegt, ist dies die schönste und ruhigste Einkehrmöglichkeit, mit Blick auf das Hocheck.

Gasthaus Hocheck, Dienstag - Samstag 10:00-22:00, warme Küche 12:00-20:00, Sonntag: 10:00-16:00, warme Küche 12:00-15:00. Oft guter Apfel- und Pflaumenkuchen!

Der Abstieg endet 100 m weiter auf dem **Parkplatz**. In den Sommerferien und an schönen Wochenenden ist hier viel Betrieb.

Ein winziger Kiosk bietet vom Wanderstock bis zum Gamsbarthut alle möglichen Souvenirs feil, eine Versorgungsmöglichkeit für Lebensmittel fehlt. Hinter dem Parkplatz an der Brücke über die Ramsauer Ache gibt es ein Toilettenhäuschen und einen Briefkasten.

Ramsau

Etwa 2.500 m westlich der Wimbachbrücke liegt der Fremdenverkehrsort Ramsau. Besonders seine Pfarrkirche St. Sebastian ist aufgrund ihrer schönen Lage über der Ramsauer Ache bekannt und wurde im 19. Jahrhundert von zahlreichen romantischen Malern abgebildet.

Tourist-Information Ramsau, 00 49(0)86 57/98 89 20, FAX 00 49(0)86 57/772, info@ramsau.de, www.ramsau.de

Von der Klamm kommend umrunden Sie halb den **Souvenirshop** nach rechts und überqueren den Wimbach auf einer Brücke.

Sofort nach der Brücke rechts halten, nicht geradeaus der Fahrstraße folgen! Der Weg führt über einen kleinen Nebenbereich des Parkplatzes. Sie folgen der Beschilderung Watzmannhaus (Weg 441), die Sie am Ende dieser **Parkplatzbucht** auf einen steil ansteigenden Waldweg führt.

Der steile Waldweg passiert eine **Villa** auf der linken Seite und mündet auf eine **Schotterstraße**, der Sie nach rechts ein kurzes Stück folgen. Bald kommt von rechts die oben erwähnte Abkürzung aus dem Wimbachtal. Keine 100 m weiter beschreibt die Schotterstraße eine Linkskurve. Hier wandern Sie geradeaus auf **Weg 441** in den Wald hinein.

Die Wanderroute ist eindeutig zu erkennen. Der Weg windet sich, teilweise in Serpentinen, teilweise entlang steiler Wände, am Fuß der Watzmann-Nordabdachung durch den Fichtenforst. Die erste größere Lichtung öffnet sich weit zur **Stubenalm** (⇧ 1.135 m). Die Almhütte mit Bewirtschaftung liegt links des Weges.

Die netten Wirtsleute, die 2015 die Alm übernommen haben, bieten Getränke und ordentliche Portionen von leckeren Speisen an: Käsebrot, Speckbrot, Kuchen und mehr. Einen Gastraum gibt es nicht, serviert wird im Garten.

Stubenalm

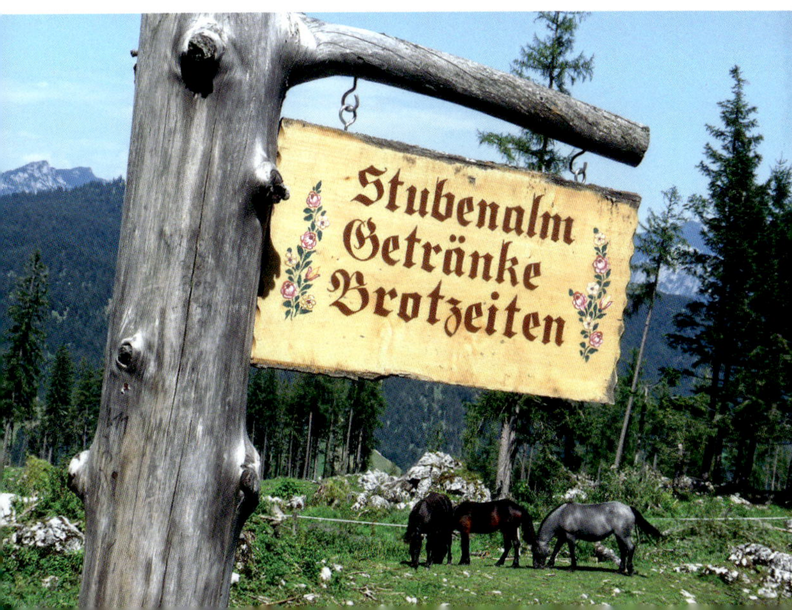

Auf der Stubenalm weiden oft Pferde. Nicht selten ist auch ein Adler zu sehen, der der Alm einen Besuch abstattet.

Knapp oberhalb der Almgebäude kommt von links der Weg 444 aus dem Schapbachtal herauf. Weiter windet sich Ihr Weg, jetzt mit 441 und 444 markiert, durch den Wald zur nächsten Alm, der **Mitterkaseralm** (⇧ 1.400 m). Kurz vor der Alm liegt rechts die Talstation der Watzmannhaus-Materialseilbahn (⇧ 1.330 m). Hier endet die Fahrmöglichkeit für die PKW von Förster und Hüttenwirt und der Weg wird wieder schmaler.

✕ Auch auf der Mitterkaseralm wird der Wanderer gut bewirtet. Besonders der selbst gemachte Kuchen ist zu empfehlen! Allerdings - bei Regenwetter zu beachten - gibt es auch hier außer Sonnenschirmen kein Dach über dem Kopf der Gäste.

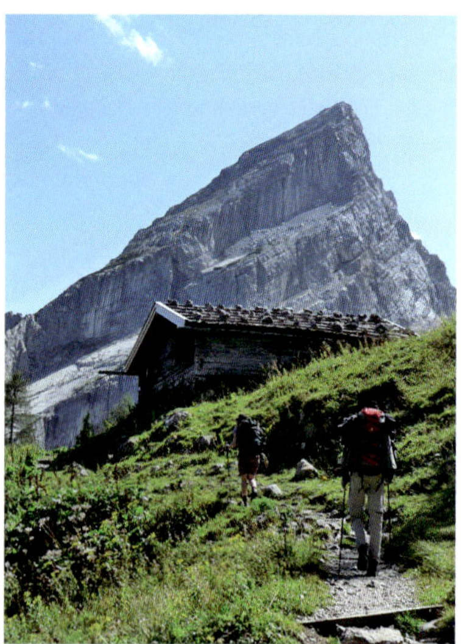

Letzter Anstieg zum Watzmannhaus, mit Blick auf den kleinen Watzmann

70 Höhenmeter hinter der Alm liegt rechts am Weg eine **Klimastation**. Dahinter windet sich der Pfad in Serpentinen durch den Wald hinauf zur **Falzalm** (⇧ 1.640 m). Hier gibt es nur einen einfachen Stall, keine Einkehrmöglichkeit. Hinter dem Stall zweigt nach links der Falzsteig, beschildert mit 442, zur Kührointalm ab. Dies ist die empfohlene Route für den morgigen Abstieg.

Heute fehlt aber noch ein Stück des Aufstieges. Steil über Schotter und Geröll, mit vielen Stufen wirkt das letzte Stück bis zum Watzmannhaus recht anstrengend, zumal Sie die einladende Fahne am Biergarten der Hütte schon von Weitem über sich sehen können.

Sie durchsteigen die Ostwand des Falzkopfes, zum Teil über Treppen und Holzplanken, und stehen dann hinter einer Kante ganz unvermittelt im Sattel südlich des **Watzmannhauses**. Das Schild behauptet, Sie bräuchten noch 3 Minuten, aber das ist übertrieben. Sie stehen fast schon vor dem Eingang der Hütte.

Watzmannhaus ⇧ 1.930 m

UTM: 33T 0344617, 5270716

Geografisch: N 47°34.276´ E 012°56.032´

Hüttenwirte: Annette und Bruno Verst, Gebirgsjägerstr. 51, 83489 Strub, ☏ 00 49(0)86 52/96 42 22 (Hütte), (Anfragen und Reservierungen nur telefonisch!), www.watzmannhaus.de, Betreiber: Sektion München des Deutschen Alpenvereins, Bayerstr. 21, 80335 München, ☏ 00 49(0)89/55 17 00-0, www.alpenverein-muenchen.de. Schlafplätze Zimmerlager: 46, Schlafplätze Matratzenlager: 164, keine Duschen, mehrere Waschräume (Wasser sparsam verwenden, oft akuter Wassermangel). Trinkwasser i.d.R. aus dem Hahn im Waschraum, bei Wasserknappheit beim Wirt nachfragen. Trockenraum und Schuhraum: vom Eingang kommend links, Tür auf linker Seite. Hier auch Gepäckdepot für Hocheckaufstieg möglich. Mitte/Ende Mai bis Mitte Oktober, Winterraum vorhanden, 15 Schlafplätze, offen

Da das Watzmannhaus sehr beliebt und entsprechend frequentiert ist, bildet sich beim Abendessen an der Theke oft eine lange Schlange. Diese vermeiden Sie, wenn Sie sich schon frühzeitig um Ihre Speisen und Getränke kümmern. Lunchpaket: Käse- oder Speckbrot mit Apfel € 6, Frühstück: zwischen 6:00 und 8:00

Auf dem Watzmannhaus ist das Wasser oft besonders knapp, vor allem nach längeren Trockenphasen. Duschen gibt es hier deshalb nicht, im Extremfall ist manchmal nur ein Waschraum für alle Gäste geöffnet. Im Sinne aller anderen Bergfreunde sollten Sie also mit dem Wasser hier möglichst sparsam umgehen!

Direkt-Aufstiege:

Von Sankt Bartholomä (⇧ 600 m) über Rinnkendlsteig und Kühroint, ⌛ 4 Std. 30 Min. - 5 Std.

Von Ilsank (⇧ 620 m) über Schapbach und Stubenalm, ⌛ 4 Std.

Von Königssee Dorf (⇧ 610 m) über Kühroint, ⌛ 4 Std.

☏ Der Handyempfang ist am besten auf der Terrasse (deutsches Netz) oder im Sattel unterhalb des Hauses, in der Nähe des Wegweisers Richtung Tal und Gipfel (österreichisches Netz).

Für den Aufstieg auf das Hocheck kann ein Teil des Gepäcks im Watzmannhaus deponiert werden. Natürlich sollte man nicht den ganzen Rucksack dort lassen. Wasser, Verpflegung, Sonnenschutz, warme Kleidung und Regensachen müssen mit auf den Berg. Aber Waschzeug, Hüttenschlafsack und Wechselwäsche können Sie im Trockenraum lassen, bis Sie wieder zurückkommen.

☺ Eine zusätzliche Tasche ist nicht nötig. Packen Sie überflüssiges Gepäck in den Hüttenschlafsack und knoten Sie ihn zu.

Das Watzmannhaus

Das Watzmannhaus selbst wäre auch ohne Watzmann schon einen Besuch wert. Von seiner Terrasse blickt man weit ins Tal hinab und auf die umliegenden Berggipfel. Von der Reiteralm im Westen über das Lattengebirge und den Untersberg im Norden schweift der Blick weiter Richtung Nordosten. Hier können Sie auf dem Grat, der sich zum Hohen Göll aufschwingt, das Kehlsteinhaus erkennen, das als Repräsentativbau von den Nationalsozialisten errichtet wurde. Der Jenner mit seiner Skipiste ist gut erkennbar und wirkt von hier oben unerwartet klein. Südlich des Hohen Göll beginnt mit dem Schneibstein das Hagengebirge.

Im nördlichen Vordergrund schiebt sich der Grünstein als bekannter Aussichtsgipfel vor den Ort Berchtesgaden, der gerade morgens oft noch im Trüben liegt, während auf dem Watzmannhaus die Sonne scheint. Vor dem Grünstein ist die Schapbachalm zu erkennen und weiter rechts im Osten die Kührointalm mit dem großen Seminargebäude der Bundespolizei.

Im Südosten liegt der Kleine Watzmann. Der Sporn, den Sie in Richtung Watzmann-Gipfel von der Hütte aus sehen können, wird von vielen für das Hocheck gehalten. Dieses liegt aber noch weit dahinter und ist erst nach dem größten Teil des Aufstiegs zu sehen.

Das Watzmannhaus wurde 1888 eröffnet und ist durch seine Lage auf dem Falzköpfl vor Lawinen und Steinschlag geschützt. Der bekannte Bergsteiger Johann Grill, der Kederbacher, war erster Hüttenwirt.

Die Erweiterung der Hütte von 1908 bis 1911 wurde durch den großen Ansturm der Bergsteiger notwendig und aufgrund der Wasserknappheit und der ungebrochen großen Beliebtheit des Hauses wurde im laufenden Jahrtausend intensiv in die Umwelt- und Versorgungstechnik investiert.

↳ Watzmann-Hocheck (⇧ 2.651 m)

⌛ *4 Std. 30 Min. (⇔)*

Der Aufstieg zum Hocheck ist bei der nächsten Etappe beschrieben. Die Anforderungen an Trittsicherheit und Schwindelfreiheit liegen noch ein wenig höher als am Hundstodgatterl, die schwierigen Stellen sind aber mit einem Drahtseilgeländer gesichert.

Voraussetzung für die Besteigung ist eine angemessene Wettersituation. Auf dem Weg zum Hocheck sind immer wieder auch steile Felspassagen zu überwinden, die von Generationen von Bergsteigern glattgetreten worden sind. Bei Nässe

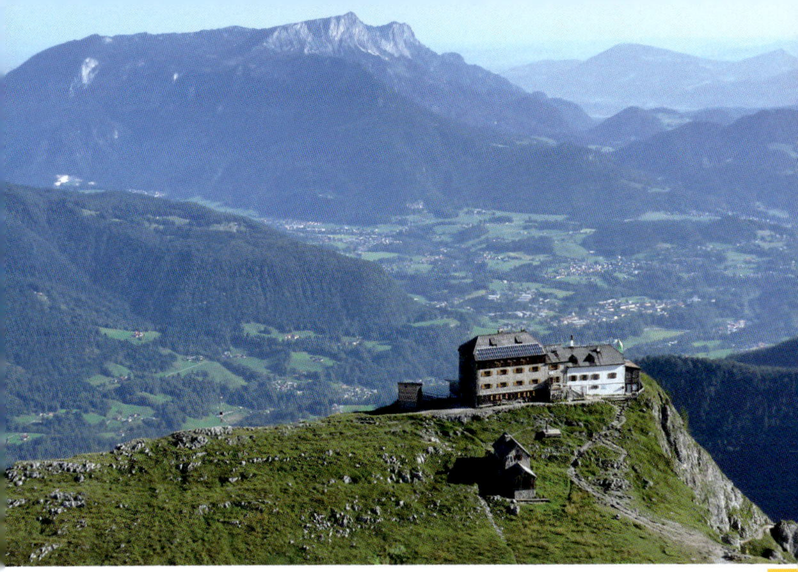

Das Watzmannhaus vor Berchtesgaden und Untersberg

wird der Kalkstein dann sehr rutschig, trocknet aber aufgrund seiner speziellen Eigenschaften recht schnell wieder ab. Schnee und starke Winde können, je nach individuellen Fähigkeiten, den Aufstieg behindern. Besonders bei Gewitterneigung ist die Route über die Watzmanngipfel, aber auch schon der Aufstieg zum Hocheck, objektiv gefährlich!

↳ Watzmann-Mittelspitze (⇧ 2.713 m)

Vom Hocheck sollten nur erfahrene Klettersteiggeher die Fortsetzung zur Mittelspitze und Südspitze wagen. Bei Zweifeln über die eigenen Fähigkeiten oder über die Wetterlage sollten Sie sich lieber einem Führer anvertrauen. Klettersteigausrüstung erforderlich, nur für Geübte! ⌛ 6 Std. 30 Min. (⇔)

↳ Watzmann-Südspitze (⇧ 2.712 m)

Auch zum Erreichen der Südspitze ist Klettersteigausrüstung und die nötige Erfahrung erforderlich! ⌛ 10 Std. (⇔)

↳ Watzmann-Überschreitung (⇧ 2.713 m)

Auch für die Überschreitung vom Watzmannhaus zur Wimbachgrieshütte sind Klettersteigausrüstung, der richtige Umgang damit, Erfahrung und Klettervermögen erforderlich. Ein Helm ist dringend zu empfehlen! ⌛ 7-8 Std.

Etappe 6: Vom Watzmannhaus über das Hocheck zur Kührointalm

⌛ 6 Std. - 6 Std. 30 Min., ↑ 750 m, ↓ 1.250 m, ⮌ 9 km, ⇧ 1.410-2.650 m

Watzmannhaus	⇧ 1.930 m	
⇔ Hocheck	⇧ 2.651 m	⌛ 2 Std. 30 Min. - 3 Std. ab Watzmannhaus
Watzmannhaus	⇧ 1.930 m	⌛ 2 Std. ab Hocheck
Kühroint	⇧ 1.410 m	⌛ 1 Std. 30 Min. ab Watzmannhaus

Das Hocheck (⇧ 2.651 m) ist der geografische Höhepunkt des Watzmanntreks. Seine Besteigung ist anspruchsvoller als alle anderen Etappen des Treks. Sie erfordert Trittsicherheit, Schwindelfreiheit und geeignete Wetterbedingungen. Einige kurze Passagen sind mit Drahtseilen versichert. Oben erwartet Sie dann eine großartige Aussicht. Nach diesem Abenteuer steigen Sie - wieder über das Watzmannhaus - zur Kührointalm ab, die Sie mit einem erholsamen Ambiente empfängt.

Frühstück gibt es ab 6:00. Ein früher Aufbruch ist empfehlenswert, da sich, je nach Wetterlage, im Laufe des Tages oft Wolken bilden.

☺ Bereiten Sie sich einen Ablaufplan vor. Dann können Sie zwischendurch kontrollieren, ob Sie noch gut in der Zeit liegen. Beispiel:
6:00 Frühstück
6:45 Start vom Watzmannhaus
9:45 Hocheck-Gipfel
10:15 weiter
12:15 Watzmannhaus
13:00 weiter
14:30 Kühroint
17:00 Spaziergang zur Archenkanzel
18:30 Abendessen

Zuerst gehen Sie vom Eingang des **Watzmannhauses** einige Meter hinunter in den **Sattel**, in dem Sie gestern angekommen sind. Dann halb rechts weiter, an der **Wasserversorgung** der Hütte vorbei auf den Watzmann zu. Zuerst ist der Pfad noch gut zu sehen. Er windet sich in weiten Serpentinen den Nordhang des Watzmann hinauf. Trotzdem sollten Sie auf die Markierungen achten! Schon an der zweiten Kehre verfransen sich viele Trittspuren und kleine Pfade. Hier sind schon

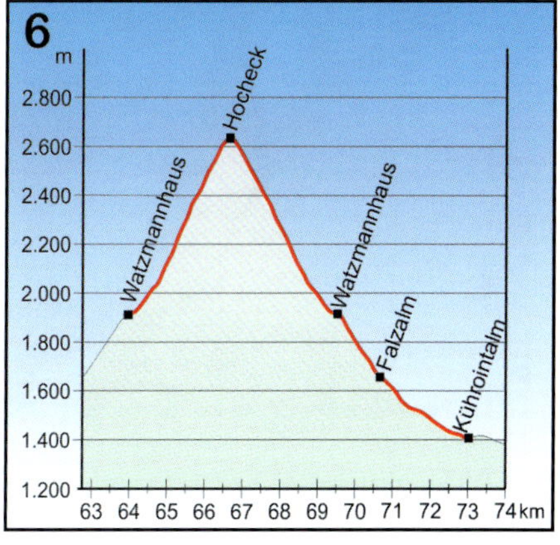

so viele Bergsteiger vom richtigen Weg abgewichen, dass er ohne Markierungen nicht mehr als solcher zu erkennen ist.

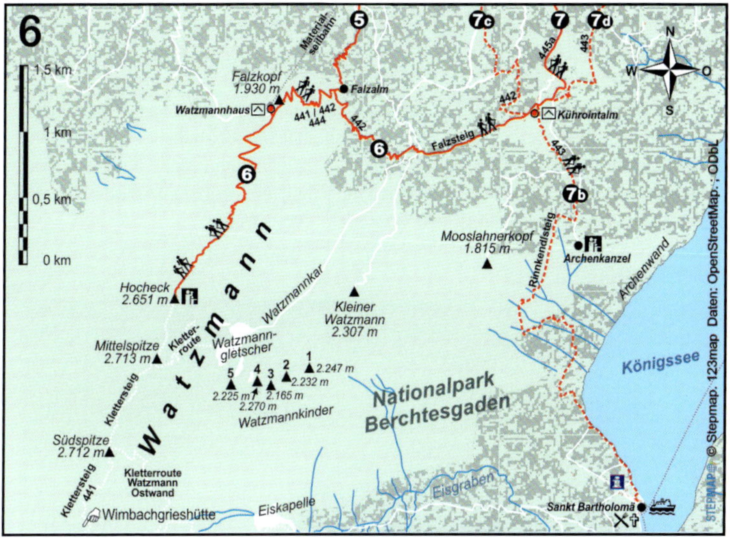

Die falschen Pfade führen meist mehr oder weniger auf dem Kamm direkt in Richtung Gipfel, während der markierte Weg anfangs immer wieder nach Westen (rechts) in die Fläche ausweicht.

☺ Gehen Sie vorausschauend! Viele Wegmarkierungen sind schon von Weitem zu sehen. Man kommt auch über viele der „Verhaue" zum Ziel. Trotzdem sollten Sie den Markierungen folgen, auch wenn der Weg zuerst einmal länger erscheint. Die „Abkürzungen" sehen anfangs verlockend aus, führen dann aber oft über steile, verschotterte und steinschlaggefährdete Passagen.

Vier **Kehren** bringen Sie hinter sich, bevor der markierte Pfad sich ungefähr bei Höhenmeter ⇧ 2.100 m vorübergehend direkt auf dem **Kamm** Richtung Gipfel zieht.

80 Höhenmeter weiter schwenkt der Pfad noch einmal kurz nach Westen aus, nach der Rückkehr zum Kamm führt er dann aber immer knapp westlich parallel zu selbigem Richtung Hocheck. Hier im oberen Teil ist eine steile Stufe zu überwinden, die jedoch gut mit **Drahtseilen** versichert ist. Trotzdem sollten Sie aufpassen, denn der Kalkstein ist hier besonders glattgetreten.

Aufstieg zum Hocheck

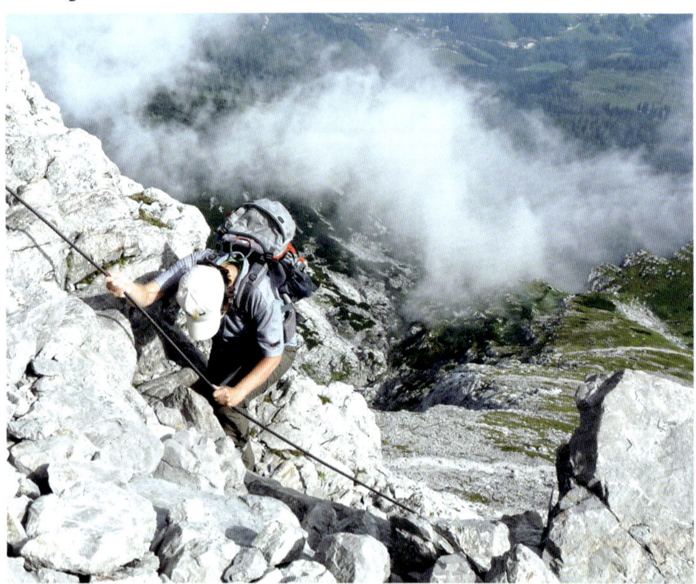

Bald kommt das Hocheck in Sicht und die Steigung lässt nach.

☺ Es lohnt sich, die paar Schritte vom markierten Steig nach links auf den Kamm zu investieren. Der Blick über das Watzmannkar mit dem jämmerlichen Rest des Watzmanngletschers auf den Kleinen Watzmann (⇧ 2.307 m) ist beeindruckend. Auch die Watzmannkinder sind hier zum Greifen nahe.

Kurz vor dem **Hocheck** (⇧ 2.651 m) müssen Sie noch einmal etwas kraxeln, dann ist der Aussichtspunkt erreicht. Zwei Kreuze schmücken den Gipfel, und hinter einer Felsplatte erscheint die Mittelspitze (⇧ 2.713 m).

☺ Gerade wenn auf dem Hocheck etwas Betrieb ist, sind bequeme Sitzplätze rar. Südlich unterhalb des Gipfelfelsens in Richtung Mittelspitze befindet sich, fast am Felsen hängend, eine kleine Schutzhütte. ✋ Vor Blitzschlag schützt diese Hütte nicht!

Für den normalen Bergsteiger ist hinter dem Hocheck der Weg zu Ende. Wer hier noch weiter auf die Mittelspitze will, sollte über die notwendige alpine Erfahrung verfügen und eine Klettersteigausrüstung dabeihaben.

Zurück zum Watzmannhaus bleibt für die meisten somit nur derselbe Weg, den Sie gekommen sind. Auch beim Abstieg heißt es: Konzentration auf die Markierungen. Lassen Sie sich nicht durch die Fehler der anderen verleiten, ihnen auf vermeintliche Abkürzungen zu folgen. Zeit spart dies nicht, dafür wird es gefährlicher. Haben Sie die Serpentinen im unteren Abschnitt wieder erreicht, geht es bequem und in ungewohnt großen Schritten auf das Watzmannhaus zu.

Die wenigsten Bergsteiger übernachten hier ein weiteres Mal. Viele steigen heute wieder zur Wimbachbrücke ab. Die verpassen aber den schönen Pfad über den Falzsteig und die sympathische Kührointalm. Wenn Sie unserem Vorschlag folgen wollen, dann packen Sie im Watzmannhaus die deponierte Ausrüstung ein, genießen in Ruhe eine kleine Mahlzeit im Watzmannhaus oder auf seiner Aussichts-Terrasse und wenden sich dann Richtung Kühroint.

Dazu geht es kurz hinunter in den bekannten **Sattel** und über die Aufstiegsroute von gestern zurück bis zur **Falzalm**. Mitten auf der Almweide steht eine Bank und nicht weit davon entfernt ein **Wegweiser**. Hier biegen Sie auf den **Weg Nummer 442** nach Südosten ab. Die Kührointalm ist dort ausgeschildert.

Auf dem Weg zur Kührointalm

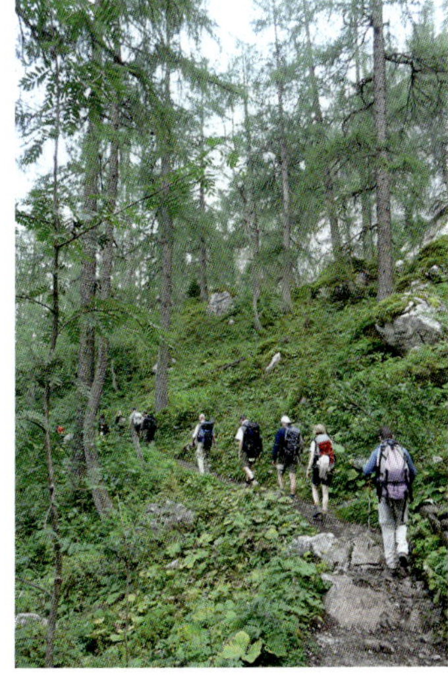

Der lehmige Pfad führt am Rand der Alm an eine Kante heran. Sie durchschreiten den **Zaun** und können hier die Wanderstöcke erst mal wieder an den Rucksack basteln, denn die würden jetzt nur stören. Steil in felsigem Gelände, aber auf wunderschönem Steig arbeiten Sie sich nun nach unten. **Drahtseile** geben dabei Sicherheit.

Am Fuß der Felsstufe führt die Route in den Wald hinein, überquert noch den einen oder anderen Felssturz und wird dann zu einem bequemen, lehmigen **Waldpfad**.

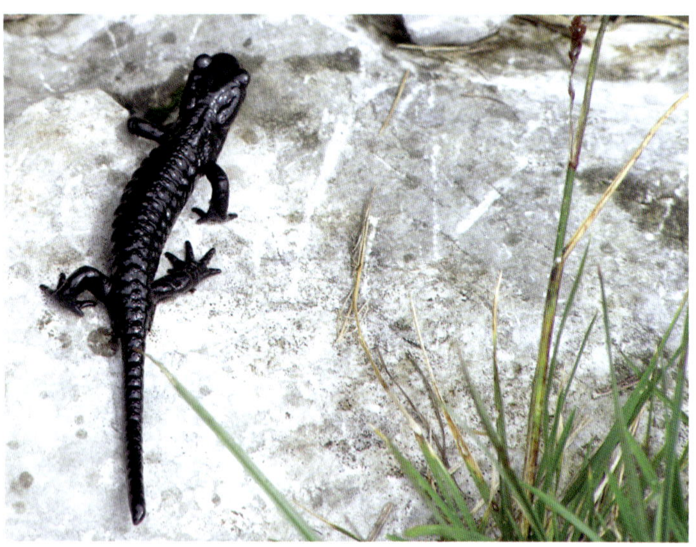

Alpensalamander sehen Sie bei nassem Wetter

☝ Bei nassem Wetter liegen oft die schwarz glänzenden Alpensalamander auf dem Weg und der Wanderer muss aufpassen, um nicht auf sie zu treten.

1 Std. 30 Min. Gehzeit nach dem Watzmannhaus öffnet sich der Wald und Sie erreichen die auf etwa ⇧ 1.400 m gelegene **Kührointalm**. An der Klimastation vorbei gehen Sie auf eine kleine Kapelle zu. Dahinter liegt die einladende Hütte.

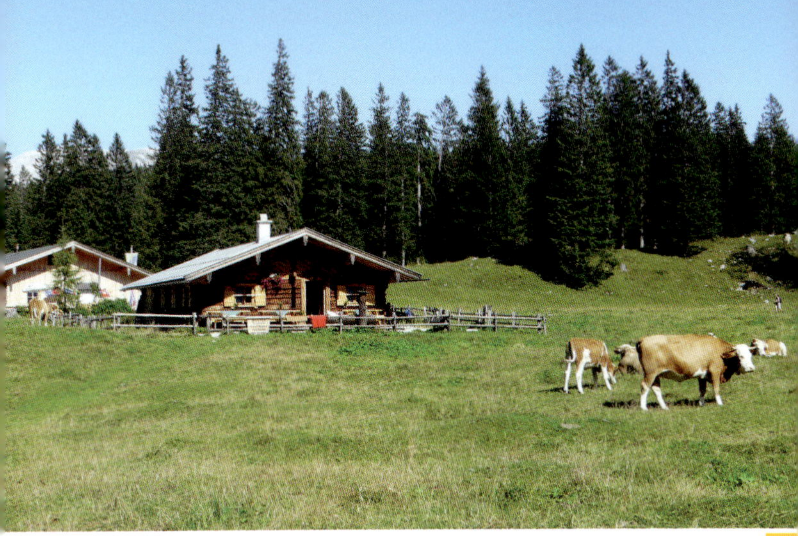

Kührointalm

Kührointalm ⇧ 1.410 m

UTM: 0346675, 5270650

Geografisch: N 47°34.267´ E 012°57.681´

Hüttenwirt: Ralf Voss, ☏ 00 49(0)171/353 33 69 (Hütte). Am besten erreichbar täglich zwischen ca. 11:00-12:00. Sonst AB anhören für aktuelle Infos, ggf. besprechen! ralfvoss@aol.com, www.kuehroint.com, Betreiber: Ralf Voss, D-83483 Bischofswiesen, Hagelweide 2, FAX 00 49(0)86 52/882 68. Schlafplätze Zimmerlager: 10, Schlafplätze Matratzenlager: 18, einige Duschen vorhanden, für Übernachtungsgäste ohne Aufpreis, Trinkwasser am Brunnen oder den Wasserhähnen, Ende Mai bis Ende September/Mitte Oktober, Winterraum nicht vorhanden

Direkt-Aufstiege:

Bei der nächsten Tages-Etappe sind verschiedene Abstiege von Kühroint ins Tal beschrieben, die den Aufstiegsrouten entsprechen.

Die Kührointalm ist eine privat betriebene Hütte in lieblicher Lage und mit einem attraktiven Ambiente. An sonnigen Tagen, besonders am Wochenende, ist die Hütte ein beliebtes Ziel auch für Mountainbiker.

Persönlich gefällt mir auf Kühroint besonders die schöne Abendstimmung, wenn es ruhiger geworden ist. Dann sitzen bei gutem Wetter die Übernachtungsgäste bei Wein, Bier oder Apfelschorle draußen auf der Terrasse, genießen den

Blick auf den Kleinen Watzmann und das Falzköpfl mit dem Watzmannhaus. Jeder, der die Küche schon kennt, freut sich auf das sehr gute Abendessen.

☺ In der Hütten-Bibliothek findet der Gast interessante Literatur, auch zum Nationalpark Berchtesgaden, und im Nachbargebäude ist eine interessante Ausstellung der Nationalparkverwaltung untergebracht. Hier erfährt der Besucher viel über den Wandel vom Kulturraum mit Alm- und Forstwirtschaft zum weitgehend unberührten Natur- und Lebensraum, der das Ziel der Nationalparkidee verkörpert.

Das große Gebäude hinter der Hütte etwas unterhalb war früher eine Kaserne des Bundesgrenzschutzes und ist heute ein Seminarzentrum der Bundespolizei. Am Brunnen an der Hofeinfahrt ist das Mobilfunknetz besonders gut!

➯ Spaziergang zur Archenkanzel 📷 Seite 9

Hin und zurück ca. 45 Min. plus Aufenthalt. Fantastischer Aussichtspunkt hoch über Sankt Bartholomä und dem Königssee.

Die Aussichtskanzel in der Felswand bietet herrliche Blicke auf Sankt Bartholomä, den Startpunkt der Wanderung in Salet, die Gotzenalm, das Hagengebirge, das Steinerne Meer und auf einen großen Teil der absolvierten Trekkingroute. Der Abstecher ist vor allem am späten Nachmittag ein absolut empfehlenswerter, schöner Spaziergang, wenn die Sonne noch in den „Königssee-Fjord" scheint. Der Weg ist relativ eben und leicht zu gehen, Turnschuhe reichen dazu völlig aus.

Von der Terrasse der Kührointhütte folgen Sie dem Pfad durch den Zaun nach Süden. Ausgeschildert sind hier die Archenkanzel und die Wegnummer 443. Der Weg läuft 400 m über die Alm und taucht dann in den Wald ein. Nach weiteren 200 m wird eine Forststraße überquert und nach noch einmal 200 m erreichen Sie den Wendeplatz am Ende einer weiteren Forststraße.

Wenn Sie nun noch einmal etwa 500 m dem Pfad geradeaus nach Süden folgen (Beschilderung Archenkanzel), erreichen Sie die Archenkanzel.

Zurück auf demselben Weg.

➯ Mooslahnerkopf (⇧ 1.815 m)

⌛ 2 Std. 30 Min., ↑ 410 m, ↓ 410 m, 3 km

Der Mooslahnerkopf steht am östlichen Fuß des Kleinen Watzmann auf dem Rand der Almfläche. Vom Gipfel haben Sie einen eindrucksvollen Rundblick.

Der Pfad zum Mooslahnerkopf beginnt dort, wo auch der Spaziergang zur Archenkanzel startet. Sie halten sich aber sofort rechts (Richtung Südwesten).

Zuerst in einer weiten Kurve, dann mehr oder weniger geradeaus zieht der Pfad über die Almwiesen direkt nach Südsüdwest auf den Mooslahnerkopf zu. Anders als beim Spaziergang zur Archenkanzel ist festes Schuhwerk ratsam, vor allem bei Nässe ist der Pfad oft sehr rutschig.

Rückweg wie Hinweg.

↳ 3. und 5. Watzmannkind (⇧ 2.165 m, ⇧ 2.225 m)

... sind klettertechnisch nicht schwierig zu besteigen (Schwierigkeitsgrad I). Jedoch ist der Weg nicht leicht zu finden und kaum in Wanderkarten verzeichnet. Eine Beschreibung der Aufstiege finden Sie in der einschlägigen Kletterliteratur.

↳ Kleiner Watzmann (⇧ 2.307 m)

Diese Tour ist erfahrenen Bergsteigern vorbehalten. Der Normalweg über den Nordostgrad ist anspruchsvoller als die Watzmann-Überschreitung. Sie benötigen gutes Orientierungsvermögen, alpine Erfahrung und Kletterfähigkeiten im Schwierigkeitsgrad II. Eine Beschreibung des Aufstiegs finden Sie in der einschlägigen Kletterliteratur.

↳ 1. und 4. Watzmannkind (⇧ 2.247 m, ⇧ 2.270 m)

Beide Gipfel sind technisch noch anspruchsvoller als der Kleine Watzmann. Eine Beschreibung der Aufstiege finden Sie in der einschlägigen Kletterliteratur.

Etappe 7: Von der Kührointalm über das Grünsteinhaus nach Ilsank

⌛ 2 Std.30 Min., ↑ 10 m, ↓ 850 m, ⮌ 8 km, ⇧ 585-1.410 m

Kühroint	⇧ 1.410 m	✕ 🛏 🚿 ✿ ↳ 📱
Grünsteinhaus	⇧ 1.200 m	✕ ↳ 📱 ⌛ 1 Std. ab Kühroint
Hammerstiel	⇧ 755 m	✕ 🛏 📱 P ⌛ 1 Std. ab Grünsteinhaus
Ilsank	⇧ 585 m	✕ 🚌 📱 ⌛ 30 Min. ab Hammerstiel

Für den Abstieg zum Königssee oder nach Schönau gibt es verschiedene Varianten. Je nach Zeit, Abenteuerlust oder dem Zustand der Kniegelenke suchen Sie sich eine passende Route aus.

Der Standard-Abstieg von der Kührointalm über das Grünsteinhaus zum Hammerstiel und nach Ilsank ist vergleichsweise bequem und abwechslungsreich. Gehen Sie von der **Kührointhütte** auf das **Ausbildungszentrum** der Bundespolizei zu und davor nach rechts (Osten). Nach etwa 130 m biegen Sie auf die Forststraße nach links (Norden) ab, beschildert mit **Wegnummer 445a**. Nach etwa 1 km auf der Forststraße kommt eine weitere **Forststraße** von rechts. Sie folgen dieser scharf nach links (Südwesten). Achtung: 100 m weiter in einer Rechtskurve (⇧ 1.345 m) zweigt ein **Waldpfad** scharf rechts nach Norden ab. Hier ist wieder der Grünstein auf **Weg 445a** ausgeschildert. Sie folgen dem Pfad in stetigem Auf und Ab durch den Wald. Nach Regen kann es etwas matschig werden, aber sonst ist der Weg gut zu gehen. Nach und nach verlieren Sie 150 hm ab der Forststraße. Durch die Bäume hindurch eröffnen sich ab und zu Blicke nach links in den Schapbachboden mit der Schapbachalm oder nach rechts Richtung Königssee. Erst kurz vor dem **Grünsteinhaus** haben Sie von der oberen Kante der **Weißen Wand** einen offeneren Blick auf das Nordende des Sees (1 Std. Gehzeit ab Kühroint).

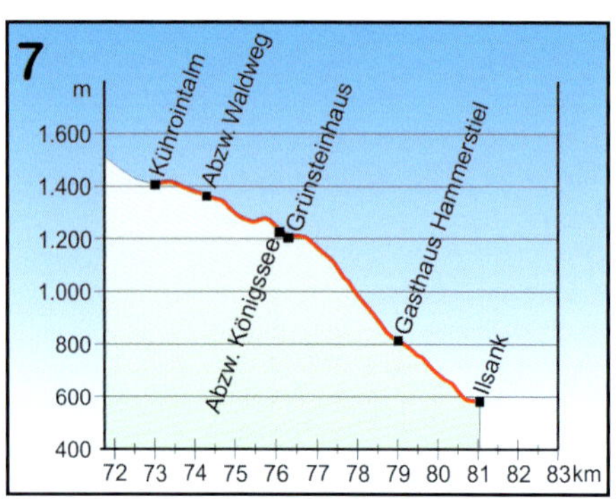

Von hier (⇧ 1.175 m) könnten Sie auch zum Königssee absteigen ☞ Etappe 7a.

Abstecher Grünstein (⇧ 1.304 m)

Vom Grünsteinhaus lohnt sich der einstündige (⇔ hin und zurück) Abstecher auf den bekannten Grünstein. Dazu bedarf es eines zusätzlichen Aufstieges von 100 hm, um auf dem ⇧ 1.304 m hohen Aussichtsberg zu stehen.

Der Blick ist in alle Richtungen fantastisch. Im Norden blickt man auf Berchtesgaden und gegen den mächtigen Untersberg mit dem Berchtesgadener Hochthron. Im Süden erhebt sich hinter dem Watzmannkar die ganze Watzmannfamilie.

Von der Terrasse des **Grünsteinhauses** (✕, ⇧ 1.200 m) folgen Sie dem Fahrweg des Hüttenwirtes nach unten (zuerst Richtung Westen, dann biegt der Weg nach Norden). Das Ziel Hammerstiel ist über den **Weg Nr. 445** ausgeschildert.

Die nächsten 450 Höhenmeter werden nicht ganz leicht für die müden Knie. Der Schotter des Fahrweges ist an den steileren Stellen recht rutschig.

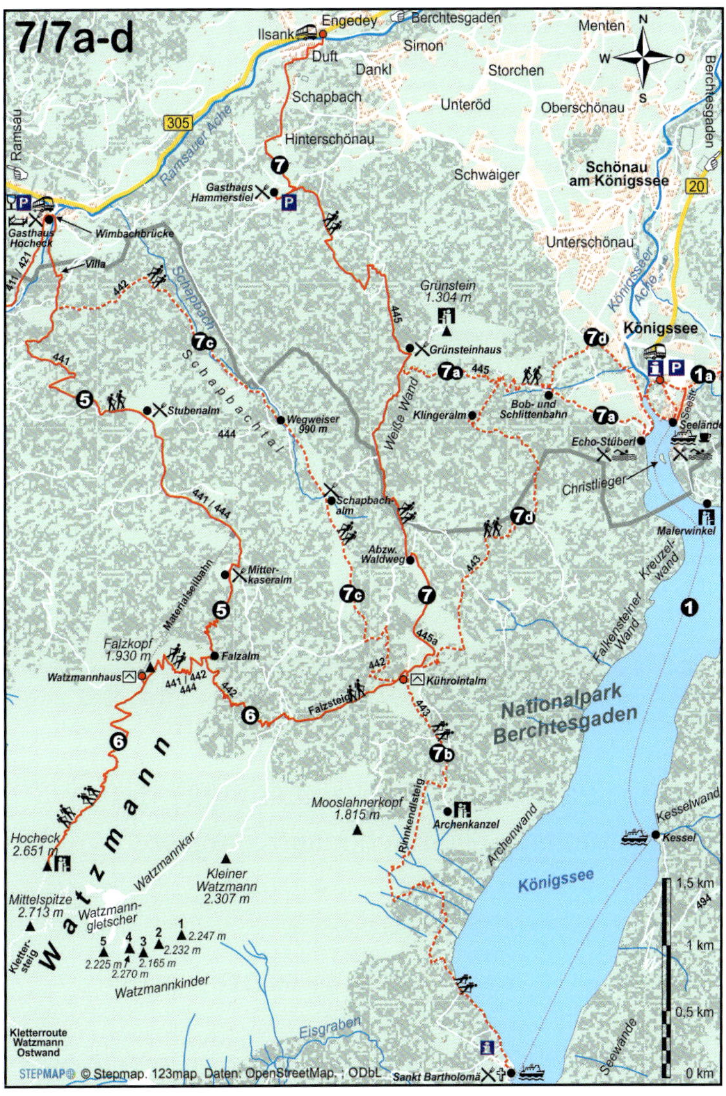
7/7a-d
Ilsank
Engedey
Berchtesgaden
Menten
Duft
Simon
Dankl
Storchen
Schapbach
Unteröd
Oberschönau
Hinterschönau
305
Ramsauer Ache
Ramsau
Schwaiger
Schönau am Königssee
20
Berchtesgaden
Gasthaus Hammerstiel
Gasthaus Hocheck
Wimbachbrücke
Villa
Unterschönau
Königsseer Ache
Grünstein 1.304 m
Schapbach
Königssee
Grünsteinhaus
Schapbachtal
Stubenalm
Wegweiser 990 m
Weiße Wand
Klingeralm
Bob- und Schlittenbahn
Echo-Stüberl
Seelände
Christlieger
Schapbach-alm
Malerwinkel
Abzw. Waldweg
Mitter-kaseralm
Materialseilbahn
Kreuzel-wand
Falkensteiner Wand
Falzkopf 1.930 m
Falzalm
Watzmannhaus
Kührointalm
Falzsteig
Nationalpark Berchtesgaden
Mooslahnerkopf 1.815 m
Archenkanzel
Rinnkendlsteig
Archenwand
Kesselwand
Kessel
Hocheck 2.651 m
Watzmann
Watzmannkar
Kleiner Watzmann 2.307 m
Königssee
Mittelspitze 2.713 m
Watzmann-gletscher
Kletter-steig
2.247 m
2.232 m
2.225 m
2.165 m
2.270 m
Watzmannkinder
Eisgraben
Seewände
Kletterroute Watzmann Ostwand
STEPMAP © Stepmap. 123map. Daten: OpenStreetMap, ; ODbL
Sankt Bartholomä
1,5 km
1 km
0,5 km
0 km

Angenehmer sind die schönen Fußpfade, die immer wieder von der Forststraße abzweigen und die Höhenmeter über Stufen bewältigen. Diese sind ebenfalls mit Hammerstiel und Weg 445 ausgeschildert. Welche Wahl Sie auch treffen, unten kommen Sie an der **Straße** zwischen Schönau und dem Ausflugsrestaurant **Hammerstiel** heraus (2 Std. Gehzeit ab Kühroint). Links sehen Sie den **Wanderparkplatz**, an dessen Ende unterhalb die ✕ **Gaststätte** liegt (⇧ 755 m).

Sie können nun ein Taxi bestellen, Mobilfunknetz ist hier vorhanden, oder Sie bitten den Wirt des Gasthauses Hammerstiel um den Anruf.

Falls Sie die nächste Bushaltestelle erreichen möchten, steigen Sie rechts (östlich) vom Gasthaus **Hammerstiel** weitere 30-40 Min., 1,5 km und 180 Höhenmeter nach Norden ab. Dies ist immer noch **Weg 445**, beschildert mit Engedey-Ilsank. Der bequeme Schotterweg führt gut beschildert nach Norden hinab. Sie passieren ein **Gehöft**, überqueren (etwa 500 m nach der Gaststätte) eine **Straße** (auf Straße rechts, bald wieder links) und folgen weiter dem **Weg 445** hinunter ins Tal. An weiteren Höfen und **Handwerksbetrieben** vorbei treffen Sie den Talboden. Hier wenden Sie sich auf der Straße (**Brandweg**) rechts. An der nächsten Ecke biegen Sie in die Straße **Duftberg** links ein, überqueren die **Ramsauer Ache** und erreichen die Bundesstraße 305 (2 Std. 30 Min. Gehzeit ab Kühroint). Direkt hier befindet sich die Bushaltestelle **Ilsank** (⇧ 585 m). Nach rechts (Osten) fahren Busse nach Berchtesgaden, nach links (Westen) geht es nach Ramsau.

Busverbindung Ilsank - Berchtesgaden HBF: werktags stündlich (jeweils kurz nach der vollen Stunde), Samstag, Sonntag alle 2 Std. (kurz nach 11:00, 13:00, 15:00, 17:00). Aktuelle Fahrplanauskunft bei reiseauskunft.bahn.de.

Etappe 7a: Von der Kührointalm über das Grünsteinhaus nach Schönau/Königssee

⌛ 2 Std. 30 Min., ↑ 20 m, ↓ 830 m, ⮌ 7 km, ⇧ 605-1.410 m

Kühroint	⇧ 1.410 m	✕
Grünsteinhaus	⇧ 1.200 m	✕ ⌛ 1 Std. ab Kühroint
Dorf Königssee	⇧ 610 m	✕ ⌛ 1 Std 30 Min ab Grünsteinhaus

Diese Route führt über das Grünsteinhaus (✕) und dann recht steil abwärts zum Bootsanleger und zum Großparkplatz Königssee.

Zuerst verläuft diese Route identisch mit der Variante 7 bis an die **Weiße Wand** kurz vor dem Grünsteinhaus.

Hier zweigt ein steiler **Pfad (Nr. 445)** nach rechts hinunter zum Ort Königssee ab. 600 hm steiler Abstieg über steinige Bergpfade gehen in die Knie. Der im unteren Teil befestigte Weg besteht teilweise aus feinem Schotter, auf dem es sich nur mühsam bremsen lässt.

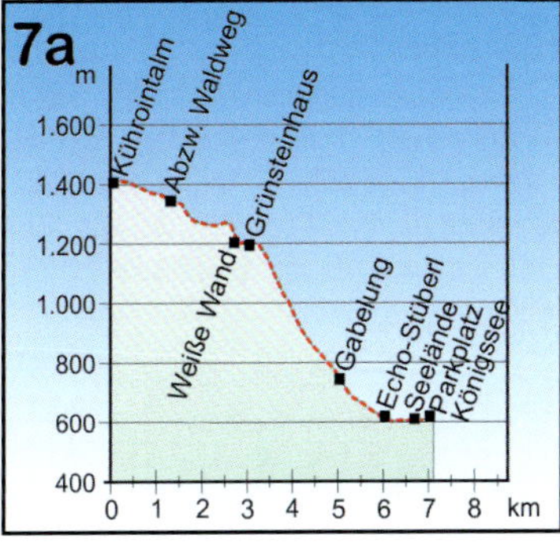

Kurz vor der Bob- und **Rodelbahn** auf etwa ⇧ 770 m können Sie nach links auf Unterschönau zuhalten oder nach rechts an der Bahn entlang das Nordende des Sees erreichen. Letztere Variante ist etwas schöner und auch eine gute Wahl, wenn Sie Ihr Fahrzeug auf dem Großraumparkplatz Königssee geparkt haben. Am Zielbereich der Bobbahn angekommen liegt das **Ufer** mit einem verlockenden Biergarten vor Ihnen. Hier ist es noch relativ ruhig und der Kulturschock kann bei einem kühlen Getränk noch etwas hinausgezögert werden. Von dort wenden Sie sich nach links (Norden) und überqueren die **Königsseer Ache** nach rechts auf einem Steg. Dahinter geht es links direkt zum **Parkplatz**, nach rechts zum Bootsanleger und dem internationalen Trubel am Königssee.

Etappe 7b: Von der Kührointalm über den Rinnkendlsteig nach St. Bartholomä

⌛ 2 Std. 30 Min. - 3 Std., ↑ 10 m, ↓ 820 m, ⮎ 5 km, ⇧ 605-1.410 m

Kühroint	⇧ 1.410 m	
Archenkanzel	⇧ 1.345 m	⌛ 20 Min. ab Kühroint
Sankt Bartholomä	⇧ 605 m	WC ⌛ 2 Std. - 2 Std. 30 Min. ab Archenkanzel

Ein besonderes Erlebnis ist der Abstieg über den Rinnkendlsteig (Wegnummer 443). Hier haben Sie den Königssee zu Füßen. Nach grandiosen Aussichten und spannenden Klettereien endet der Weg in Sankt Bartholomä. Dazu wird die Trittsicherheit aber noch einmal in etwa so gefordert wie beim Aufstieg auf das Hocheck.

Der Zeitaufwand hängt sehr von Ihrer Klettersicherheit und von den Wetterbedingungen ab.

Drahtseile und Leitern sichern den Abstieg. Für versierte Bergsteiger ist ein Klettersteigset nicht notwendig, aber Sie sollten den Abstieg hier nicht unterschätzen. Die 800 hm zwischen Kühroint und Königssee erfordern dauernde Konzentration und belasten die Knie. Bei nassem Wetter ist dieser Abstieg nicht zu empfehlen, da die Route sehr glatt werden kann und kaum einen Sturz verzeiht.

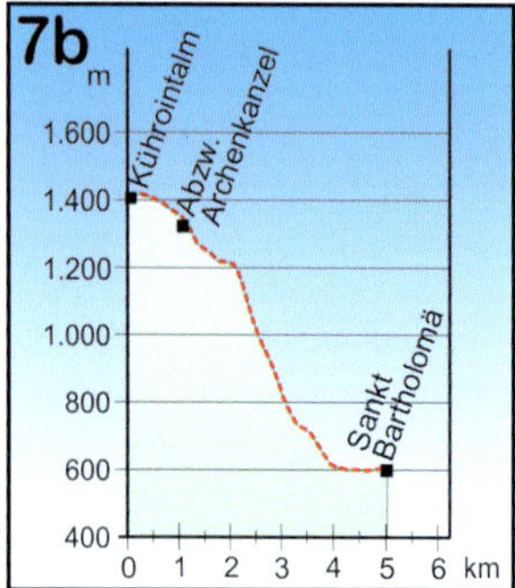

Von der Terrasse der **Kührointhütte** folgen Sie dem Pfad durch den Zaun nach Süden. Ausgeschildert sind vorerst die Archenkanzel und die **Wegnummer 443**. Der Weg läuft erst noch 400 m über die Alm und taucht dann in den Wald ein. Nach weiteren 200 m wird eine Forststraße überquert und nach noch einmal 200 m erreichen Sie den **Wendeplatz** am Ende einer weiteren Forststraße. Hier werden manchmal Waren oder Baumaterial vom Helikopter abgeholt, um sie z. B. zur Wasseralm oder zum Kärlingerhaus zu fliegen.

Wenn Sie nun noch einmal etwa 200 m dem Pfad nach Süden folgen (ausgeschildert ist immer noch die Archenkanzel), erreichen Sie die **Abzweigung des Rinnkendlsteiges** (⇧ 1.345 m). Der bequeme Weg führt geradeaus weiter zur Archenkanzel, ein kurzer lohnender Abstecher von 300 m (hin und zurück).

Nach Westen (von der Kühroint kommend nach rechts) beginnt der anspruchsvolle Abstieg durch die Wand. Nehmen Sie sich Zeit für die Aussicht unterwegs. Die Fjordlandschaft in den Berchtesgadener Alpen ist einmalig. Verlaufen kann man sich nicht, der **Steig** ist klar zu erkennen.

Am Ende wird der Pfad flacher und immer lieblicher, bis man sich, auf der Halbinsel von **Sankt Bartholomä** angekommen, fast fühlt wie in einem Kurpark. Geschotterte Wege, Kastanienalleen und Königsseestrand prägen die Eindrücke. Sehr ungewohnt für den Bergsteiger sind die Ausflugstouristen, die hier spazieren gehen.

Sofern Sie morgens an der Kührointalm gestartet sind, können Sie das Mittagessen im Biergarten oder im Gasthaus von Sankt Bartholomä genießen. Ab dann ist das größte Problem nur noch, sich zwischen Forelle oder Saibling aus dem Königssee und der leckeren Schweinshaxe zu entscheiden.

 Während der Saison fährt etwa alle 20 Min. ein Boot zum Anleger nach Schönau - Königssee.

Etappe 7c: Von der Kührointalm auf leichten Wegen ins Tal

⌛ 2 Std. - 2 Std. 30 Min., ↓ 770 m, ➲ 6 km, ⇧ 650-1.410 m (bei Ziel Wimbachbrücke)

Kühroint	⇧ 1.410 m	✕
Schapbachalm		✕ ⌛ gut 1 Std. ab Kühroint
Wimbachbrücke	⇧ 650 m	✕ WC P Briefkasten ⌛ 1 Std. 15 Min. ab Schapbachalm

Der folgende Abstieg von der Kührointalm läuft auf befestigten Wegen und Schotterstraßen und ist bei schlechtem Wetter oder bei körperlichen Problemen interessant. Mit der Schapbachalm bietet sich eine schöne Raststation, wo der Gast jedoch nur im Freien bewirtet wird.

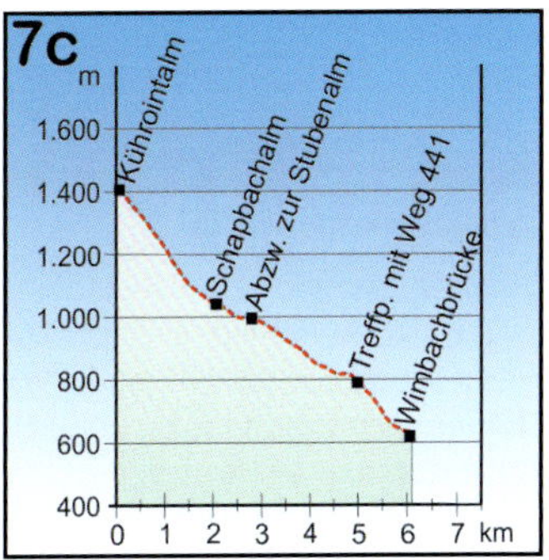

Von der **Kührointhütte** gehen Sie ein Stück zurück nach Westen Richtung Watzmann und biegen nach etwa 150 m rechts hinunter in den Wald ab. Einige **Serpentinen** bringen Sie hinunter auf die **Fahrstraße**. Der folgen Sie kurz nach links, um sich beim nächsten **Wegweiser** (nach etwa 250 m) wieder rechts hinunter zu wenden. Erneut treffen Sie die **Straße** und folgen ihr geradeaus hinunter Richtung **Schapbachalm**.

✕ Kurze Zeit später liegt rechter Hand etwas oberhalb die Schapbachalm (⇧ 1.040 m). Eine Rast ist hier sehr zu empfehlen, besonders die Brotzeiten mit eingelegtem Käse sind sehr lecker. Einem empfindlichen Magen sollte man das aber nicht zumuten, es gibt auch leichtere Alternativen. Über einen Gastraum verfügt die Schapbachalm nicht, bewirtet wird nur draußen, das aber in sehr idyllischem Alm-Ambiente.

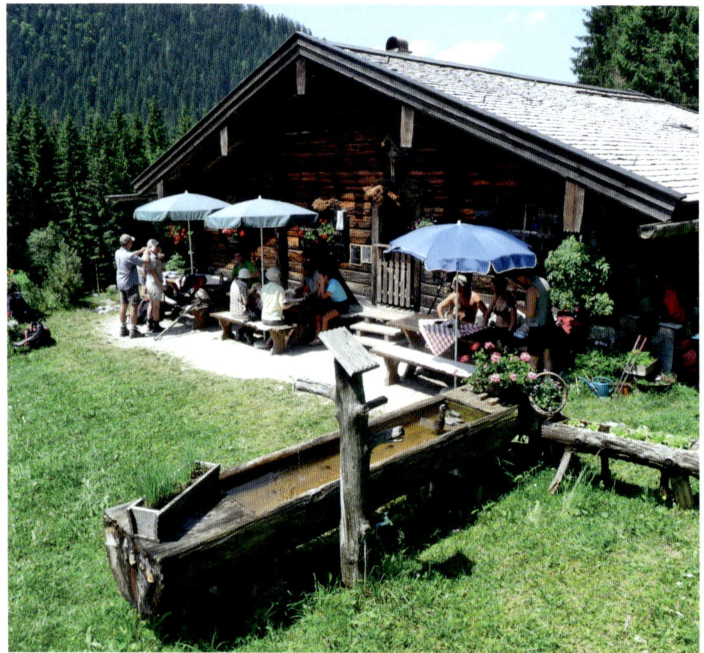

Schapbachalm

Der Straße folgend, ungefähr 750 m hinter der Schapbachalm, habe Sie an einem **Wegweiser** (⇧ 990 m) die Wahl: Entweder Sie biegen rechts ab Richtung **Hammerstiel** (Weg 444, beschildert) und folgen von dort den Angaben wie bei der Hauptroute beschrieben.

Oder Sie bleiben auf der Straße (Weg Nr. 442) und gelangen zur schon bekannten **Wimbachbrücke**. Von dort fahren Busse an Werktagen stündlich nach Berchtesgaden, am Wochenende alle 2 Stunden.

Busverbindung Wimbachbrücke - Berchtesgaden HBF: werktags stündlich (jeweils zur vollen Stunde), Samstag, Sonntag alle 2 Std. (gegen 11:00, 13:00, 15:00, 17:00). Aktuelle Fahrplanauskunft bei reiseauskunft.bahn.de.

Etappe 7d: Von der Kührointalm auf dem kürzesten Weg zum Parkplatz Königssee

2 Std. - 2 Std. 30 Min., 810 m, 6 km, 605-1.410 m

Kühroint 1.410 m
Dorf Königssee 610 m 2 Std. - 2 Std. 30 Min. ab Kühroint

Der Abstieg über die Klingeralm (keine Einkehrmöglichkeit) ist geeignet für Wanderer mit gesunden Knien, die schnell zum Dorf Königssee absteigen wollen. Schöner sind die Abstiege über das Grünsteinhaus oder den Rinnkendlsteig.

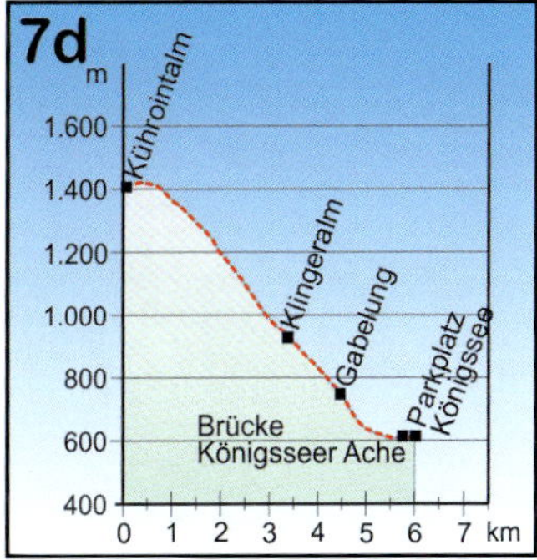

Von der **Kührointalm** führt der Weg nach Osten wie beim Abstieg zum Grünstein, an der bald querenden Forststraße geht es dann aber auf der **Wegnummer 443** geradeaus in den Wald. Der Weg ist nicht zu verfehlen und gut markiert, steigt fast die ganze Zeit durch Wald hinab und trifft oberhalb der **Rodelbahn** auf die Abstiegsroute vom Grünsteinhaus nach **Königssee** (s. o.). Der breite, steile, geschotterte Weg erfordert ständiges Bremsen und belastet so die Knie recht stark.

Index

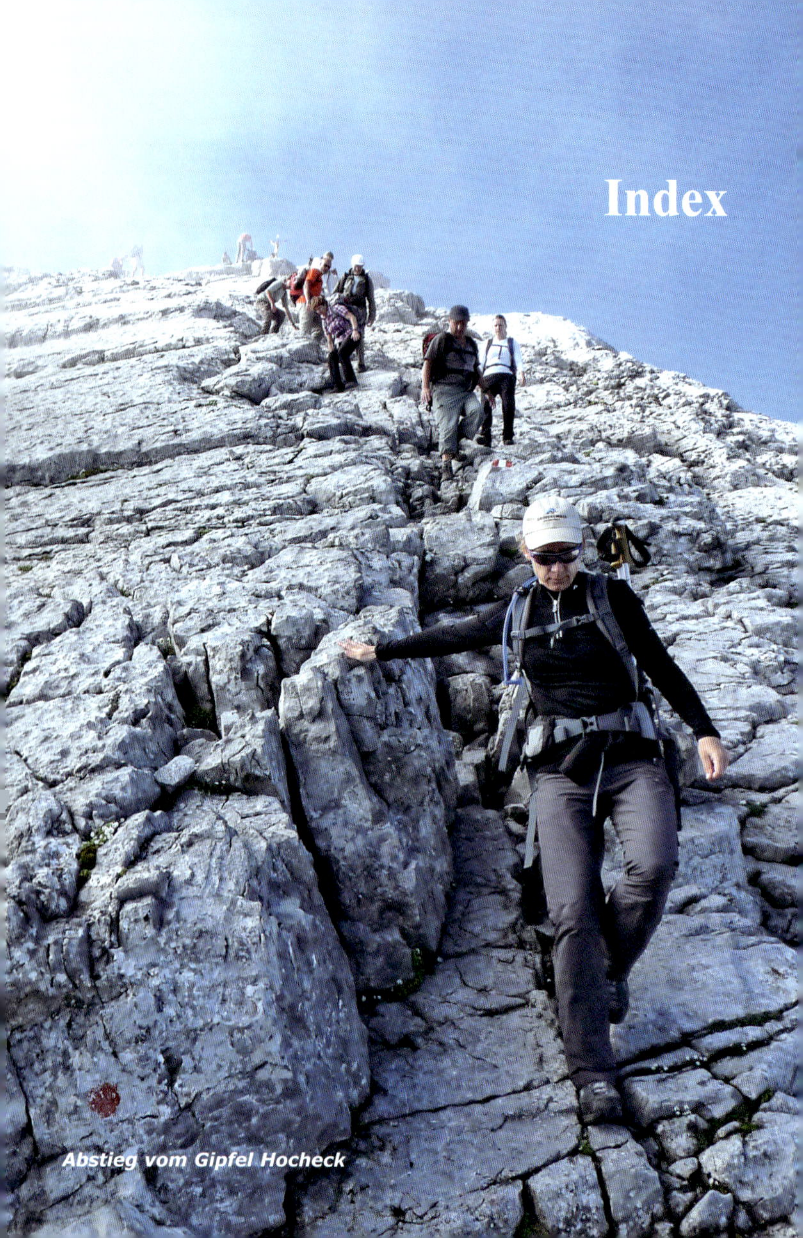

Abstieg vom Gipfel Hocheck

T

U

V

W

Z